Hans Baumann

Löwentor und Labyrinth

Wie Troja, Mykenä und Knossos entdeckt und ausgegraben wurden

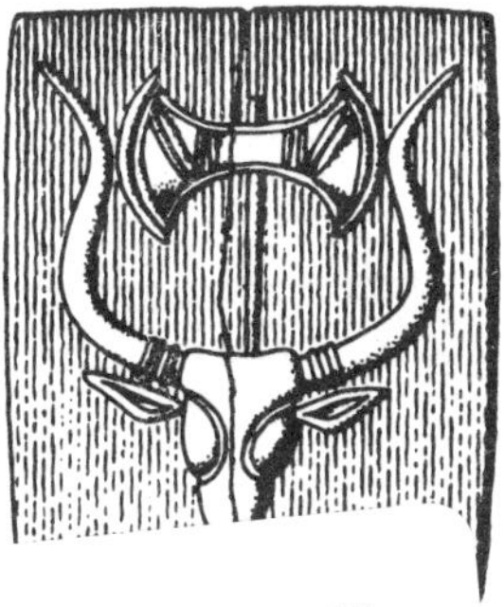

Deutscher
Taschenbuch
Verlag

dtv

Von Hans Baumann sind außerdem bei dtv junior lieferbar:

Ich zog mit Hannibal, Band 7048
Der große Alexanderzug, Band 7275
Der Sohn des Columbus, Band 7429
Flügel für Ikaros, Band 7482
Ein Reigen um die Welt. 99 Gedichte aus 49 Ländern, Band 70020

In der Reihe für Leseanfänger:

Warum Fiffi Fiffi heißt (Schreibschrift), Band 7501
Geschichten mit Pfiff (große Druckschrift), Band 7568

Ungekürzter Text mit den Illustrationen von Hans Peter Renner, ohne Fotoseiten
März 1987
Deutscher Taschenbuch Verlag GmbH & Co. KG. München

ISBN 3-570-02153-X
Umschlaggestaltung: Celestino Piatti
Umschlagbild: Tilman Michalski (Motiv: Löwentor von Mykenä)
Gesetzt aus der Aldus 10/11·
Gesamtherstellung: Kösel, Kempten
Printed in Germany · ISBN 3-423-70106-4

Inhalt

SCHLIEMANN UND DIE WELT HOMERS

EVANS UND DAS REICH DES MINOS

ANHANG

Karte von Griechenland und Kleinasien

SCHLIEMANN
UND DIE WELT HOMERS

Odysseus kehrt heim

Am 8. Juli 1868 kreuzte ein Fischerboot von der Insel Kephalonia nach Ithaka, der Heimat des Odysseus. Außer dem Fischer war ein Fremder im Boot. Der Wind war gegen sie, aber der Fremde hatte sich nicht überreden lassen, einen günstigeren Tag abzuwarten. Die Brecher, die seit vierzehn Stunden über den Bootsrand schlugen, störten ihn nicht, und er klagte auch nicht über Hunger. Er ließ Ithaka nicht aus den Augen, und als es Nacht geworden war, sah er vor sich sein Ziel so deutlich wie einer, der heimkehrt.

Um sechs Uhr waren sie abgesegelt; eine Stunde vor Mitternacht erreichten sie den kleinen Hafen von St. Spiridon. Während der Überfahrt hatte der Fremde, der ein besseres Griechisch sprach als der Fischer, immer wieder nach Odysseus gefragt, der mit Agamemnon, Achill und den andern Achäern um Troja gekämpft und mehr als die übrigen zum Untergang der Stadt beigetragen hatte.

»Du kennst doch Odysseus!«

Der Fischer war in Verlegenheit geraten. Er kannte einen Bäcker, der Odysseus hieß; aber von einem König Odysseus, der vor mehr als dreitausend Jahren nach zehnjährigem Krieg und zehnjähriger Irrfahrt nach Ithaka heimgekehrt war, hatte er nie gehört.

»In unserm Dorf weiß keiner von ihm«, versicherte er, als sie im Hafen waren, auch hier kennt *diesen* Odysseus kein Mensch!«

Der Fischer behielt nicht recht, wie sich gleich zeigte. Trotz der späten Stunde stand da am Hafen ein Mann mit einem Esel, als habe er auf jemanden gewartet. Und als der Fremde sich bei ihm erkundigte, ob er in seinem Haus die Nacht zubringen könne, war der Mann hoch erfreut, stellte sich als Müller vor, sagte, daß es bis zur Mühle nicht weit sei, belud seinen Esel mit dem Gepäck des Fremden und zog mit ihm los.

Als der Müller erfuhr, daß der Fremde nach Ithaka gekommen sei, um Altertümer auszugraben, fing *er* an, von Odysseus zu reden.

»Wenn irgendwer«, so begann er voll Eifer, »dann muß ich von Odysseus wissen, denn oft hat mir von seinen Abenteuern der Vater erzählt; und mein Vater weiß sie von seinem Vater. Seit jener Zeit, da Odysseus zurückkam, ist die Geschichte bei uns wie ein Schatz aufgehoben – in keinem anderen Haus auf Ithaka so gut wie bei uns. Odysseus, Herr, war unser erhabener Nachbar.«

Taub für alle Fragen des Fremden, fuhr der Müller fort: »Warum gerade er, der klügste der Menschen, durch dessen List Troja schließlich gefallen war, bei seiner Heimkehr so unerhört geprüft wurde, wissen die Götter. Auch er wollte unverzüglich heim: nach Ithaka – wie Agamemnon nach Mykenä und Nestor nach Pylos. Aber seine zwölf Schiffe wurden von Stürmen an Küsten entführt, von denen er nicht einmal den Namen gewußt hatte. Zuerst warf der Wind sie nach Norden. Im Lande der Kikonen plünderten sie die Dörfer, wie sie es zehn Jahre lang vor Troja getan hatten. Kein Wunder, daß die Kikonen das übelnahmen und zweiundsiebzig Männer erschlugen. Im Süden, im Lande der Lotos-Esser, ging es glimpflicher ab. Die Späher, die Odysseus ausgeschickt hatte, wollten nicht mehr auf die Schiffe zurück. Sie hatten von Lotosfrüchten gekostet, die sie ihre Heimat vergessen ließen. Odysseus mußte sie an Bord prügeln und fesseln. Nun trieb ein Sturm die Schiffe nach Westen bis zu der Insel, auf der die Zyklopen in Höhlen hausten. Und in der Höhle des einäugigen Riesen Polyphem vollbrachte Odysseus eine Tat ohnegleichen.

Dieser Polyphem war ein Sohn des Meergottes Poseidon. Dennoch gehörte auch er zur Sippe der gottlosen Zyklopen, die das Gastrecht verhöhnen und Menschen fressen. Als er am Abend mit seiner Schafherde in die

Höhle zurückkam und Odysseus mit zwölf Gefährten in ihr entdeckte, vertilgte er sechs von ihnen. Es gab kein Entrinnen, da er die Höhle mit einem Felsblock verschlossen hatte. Am andern Tage bot Odysseus ihm von dem Wein an, den er aus dem Lande der Kikonen mitgebracht hatte. Polyphem berauschte sich, wurde fröhlich und fragte Odysseus, wie er denn heiße. ›Niemand‹, sagte Odysseus. Da lachte der Riese: ›Dich, lieber Freund, werde ich als letzten fressen.‹ Aber es kam nicht dazu; denn als er in seinem Rausche dalag, hielt Odysseus die Spitze eines Pfahls ins Feuer, das in der Höhle brannte, und dann stieß er den Pfahl ins Zyklopenauge. Brüllend

Polyphems Blendung. Schwarzfiguriges griechisches Vasenbild

fuhr der Geblendete auf, tappte umher, wälzte den Block vom Höhleneingang, und als die andern Zyklopen herbeigerannt kamen und fragten, wer ihn denn umbrächte, jammerte er: ›Niemand hat mich geblendet, sucht mir diesen Niemand!‹ Und die Zyklopen glaubten, er sei von Sinnen und gingen davon. Odysseus aber band je drei Widder nebeneinander, und an die Bäuche der mittleren Tiere geklammert, kamen die Überlebenden aus der Höhle, vorbei am blinden Riesen, der die Rücken der Widder abtastete. Als die sieben Geretteten die Schiffe bestiegen hatten, verhöhnte Odysseus Polyphem. Der warf in maßloser Wut den Schiffen Felsblöcke nach, und als er damit nichts ausrichten konnte, flehte er seinen

Vater Poseidon um Rache an. Von nun an war es der Meergott, der Odysseus mit unversöhnlichem Haß verfolgte. Da half auch nicht, daß der freundliche Windgott dem Heimkehrer einen Ledersack mitgab, in den er die widrigen Winde verschlossen hatte; denn die Gefährten, neidisch auf Odysseus, banden in dummer Neugier den Sack auf – und sogleich fielen Stürme über die Schiffe her und verschlugen sie in den äußersten Norden, wo die Nächte weiß wie Schnee sind und wo Riesen wohnen, die jedem Menschen, der ihnen nahe kommt, nach dem Leben trachten. Sie zerstörten die Flotte des Odysseus bis auf ein Schiff.

Mit diesem Schiff segelte Odysseus bis zur Insel der Zauberin Kirke. Durch sie wurden seine Männer in Schweine verwandelt, und hätte nicht Odysseus von Hermes, dem Götterboten, einen Gegenzauber erhalten, wäre auch er den Künsten der Kirke erlegen. So aber konnte er die Zauberin zwingen, seinen Männern ihre Gestalt zurückzugeben. Wie Flocken fielen die Borsten von ihnen ab. Einen Winter lang lebten sie in Freuden auf der Insel. Kirke verriet ihnen, daß sie erst zu den Pforten der Unterwelt fahren müßten, ehe an Heimkehr zu denken sei. Und als Odysseus im Vorhof der Schattenwelt die Toten befragte, erfuhr er vom Seher Teiresias und von seiner toten Mutter, daß er allein allen Nachstellungen des Poseidon entgehen und Ithaka, seinen Vater, sein Weib Penelope und seinen Sohn Telemach wiedersehen werde. Da fuhr Odysseus weiter, vorbei an der Insel der Sirenen, die mit verführerischen Gesängen die Schiffer vom Wege abbringen. Seinen Gefährten stopfte er Wachs in die Ohren, und sich selbst ließ er am Mast seines Schiffes festbinden. So kam er glücklich an der Insel vorbei, auch am reißenden Strudel Charybdis. Nur das Ungeheuer Skylla mit seinen sechs Rachen raubte ihm bei der Durchfahrt sechs der Gefährten. Für alle andern kam das Verderben auf jener Insel, auf der die Herden des Sonnengottes die Weide hatten. Von Hunger zum Wahnsinn getrieben, vergriffen sie sich am heiligen Vieh, und Zeus selber zerschlug nun mit seinem Blitz das Schiff des Odysseus. Er blieb am Leben, er allein, und trieb neun Tage auf dem Meer, an den Mastbaum geklammert. Als er bei einer Insel an Land geschwemmt wurde, hielt ihn die schöne Nymphe Kalypso sieben Jahre lang fest.

Seine Sehnsucht nach Ithaka wurde so groß, daß die Götter der Nymphe den Befehl sandten, Odysseus freizugeben. Auf selbstgezimmertem Floß segelte er siebzehn Tage – bis ihn Poseidon entdeckte. Nahe dem Lande der Phäaken zertrümmerte der Meergott das Floß, mischte Finsternis mit haushohen Wellen und warf Odysseus an das fremde Gestade. Wie ein Bauer die Herdglut mit Staub und Asche bedeckt, deckte sich Odysseus mit Laub zu. So fand ihn Nausikaa, die Tochter des Phäakenkönigs. Sie gab ihm Kleider, und er wusch sich das Salz von den Schultern. Und die Phäaken, denen er seine Abenteuer erzählte, brachten ihn nach Ithaka. Schlafend erreichte der listenreiche Dulder die Heimat.

Als Bettler verkleidet, ging er in seine Burg. Und dort, in der Königshalle, rechnete er mit den Freiern ab, die frech um Penelope, sein Weib, warben und sein Gut verpraßten, als wäre es ihres. Keiner vermochte den Bogen des Odysseus zu spannen – nur er, Odysseus. Mit seinem Sohn Telemach und zwei Hirten warf der Heimgekehrte die Zudringlichen nieder mit seinen Pfeilen, wie ein Novembersturm Früchte abschüttelt, die über die Zeit am Baum hängen. Er gab sich dem Vater, seinem treuen Weibe, all den Seinen zu erkennen und war wieder in seinem Land. Auf seinem Ithaka!« schloß der Müller seinen Bericht, als er mit dem Fremden nach eineinhalb Stunden die Mühle erreichte.

Sie war nicht groß, und im Hause sah der Fremde sofort, daß der Müller nur ein Bett besaß. Auch mit Eßvorräten sah es kümmerlich aus. Es gab nur Gerstenbrot und lauwarmes Regenwasser. Aber der Fremde hatte seit zwanzig Stunden nichts mehr gegessen und war für beides dankbar. Und nachdem ihm geglückt war, den Müller in sein Bett zu bringen, legte er sich auf einen eisenbeschlagenen Kasten und schlief auf ihm so tief wie niemals zuvor.

Am nächsten Tag bestieg er den Berg Aëtos, um auf dem Gipfel die Burg des Odysseus zu suchen. Er fand Überreste von Mauern und Türmen, auch eine trockene Zisterne. Es war drückend heiß, aber der Anblick der Inseln, über die Odysseus als König geboten hatte, ließ den Fremden Hitze und Durst vergessen.

Drei Tage lang stieg er mit ein paar Arbeitern um fünf Uhr früh zur Burg des Odysseus auf, um dort zu graben. Er grub vergebens nach den Resten des Ölbaums, um den Odysseus sein Schlafgemach gebaut hatte, fand aber einen kleinen Friedhof mit aschegefüllten Urnen. Und er stieß auf den Felspfad, der von der Burg zum Hof des Laertes führte, wo Odysseus seinen Vater im Garten getroffen hatte. Der Fremde fand dort Dorfbewohner versammelt; und ihnen, die ihn freundlich aufnahmen, las er aus der Odyssee des Homer vor, was da über das Wiedersehen des Odysseus mit seinem Vater stand: wie sich der Dulder und Held, um den greisen Laertes zu prüfen, erst für einen kretischen Seefahrer ausgab, schließlich aber als Odysseus offenbarte.

Alle Zuhörer waren zu Tränen gerührt. Sie umarmten den Fremden auf dem Felde des Laertes, als sei *er* nach langer Irrfahrt zurückgekehrt, und dann trugen sie ihn im Triumph in ihr Dorf.

Am Tage darauf durchstreifte der Fremde den Süden der Insel. Dabei kam er an ein abgelegenes Gehöft. Er wollte um Wasser bitten, da stürzten ihm aus dem Hofe vier Hunde entgegen. Der Fremde hatte einen Stock in der Hand. Als er ihn hob, begannen die Hunde zu rasen. Nun erinnerte sich der Fremde einer Stelle in der Odyssee, an der es heißt: »Sobald die wilden Hunde Odysseus erblickten, kamen sie her mit Geheul. Odysseus aber setzte sich in kluger Weise, und seinen Stab ließ er auf die Erde fallen.«

Auch der Fremde machte es so, und die Hunde begnügten sich damit, ihn knurrend umzingelt zu halten, bis der Bauer aus dem Gehöft kam. Der Fremde machte ihm Vorwürfe, daß er *vier* Hunde habe. Da sagte der Bauer beinahe zornig: »Auf unserm Hofe werden seit des Odysseus Zeiten vier Hunde gehalten!«

Damit gab sich der Fremde zufrieden. Der Bauer aber brachte nun Trauben und Pfirsiche und nahm sich des Fremden mit solcher Gastfreundschaft an, daß sogar die Hunde zutraulich wurden. Schließlich fragte der Bauer den Fremden, woher er komme.

»Von Kephalonia«, sagte der Fremde.

»Aber du bist nicht von dort«, sagte der Bauer, »wo bist du zu Hause?«

Da begann der Fremde zu überlegen.

»Weißt du nicht, woher du kommst?« fragte der Bauer.

»Für mich ist die Antwort nicht einfach«, sagte der Fremde. »Die beiden letzten Jahre war ich in Frankreich. Vorher in Indien, China und Japan. Und vorher in Rußland. Auch in Amerika, in Schweden, Italien, Ägypten ...«

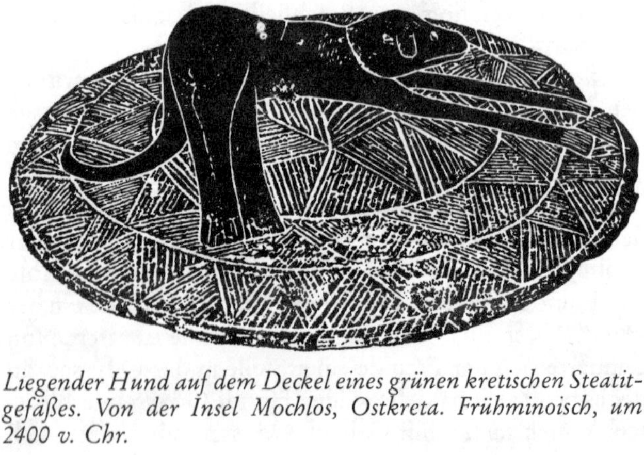

Liegender Hund auf dem Deckel eines grünen kretischen Steatitgefäßes. Von der Insel Mochlos, Ostkreta. Frühminoisch, um 2400 v. Chr.

»Du bist ein wahrer Odysseus«, sagte der Bauer. »Wie lange bist du schon unterwegs?«

»Seit dreißig Jahren«, sagte der Fremde. »Aber jetzt bin ich da, wo ich immer hin wollte.«

»Deine Fahrt hat dreimal so lange gedauert wie die des Odysseus!« sagte der Bauer bewundernd. »Aber nun sage mir, wer bist du?«

»Schliemann«, sagte der Fremde, »aus Ankershagen in Deutschland.«

Schliemanns Odysseusfahrt nach Ithaka

Er war vierzehn Jahre alt, als er von Ankershagen auszog. Sein Vater, ein Pfarrer, der sein Amt verloren hatte, konnte das Schulgeld nicht mehr für ihn aufbringen. Schliemann hing lebenslang an ihm. Durch ihn hatte er zum ersten Male von Troja gehört, von Achill und Odysseus, von Helena, Agamemnon, Hektor und Paris. Der Vater hatte ihm eine Weltgeschichte für Kinder geschenkt, in der ein Bild vom brennenden Troja zu sehen war. Der kleine Heinrich hatte über die Mauern gestaunt.

»Waren sie so gewaltig, wie das Bild zeigt?« wollte er wissen.

»Daran ist kein Zweifel«, meinte der Vater.

»Dann muß von ihnen noch viel übrig sein«, sagte Heinrich bestimmt.

»Wo Troja liegt, weiß kein Mensch«, erklärte der Vater.

Da sagte Schliemann: »Ich werde es einmal suchen.«

Als er sich das vornahm, war er zehn Jahre alt. Zu Weihnachten schrieb er für seinen Vater in mangelhaftem Latein die Geschichte des Trojanischen Krieges auf.

Vier Jahre später war er Lehrling in einem Laden, in dem es nach Heringen roch, nach Tran, Wachskerzen und

Branntwein. Von sechs Uhr früh bis zehn Uhr nachts hatte er täglich zu tun. Hobelspäne klebten an seinem Rock, an der Hose. Zwischen Kisten und Fässern träumte er davon, ein reicher Mann zu werden. Er träumte von Amerika, wo es Straßen geben sollte, mit Gold gepflastert. Für trojanische Träume war in diesen dunklen Jahren kein Platz mehr. Aber eines Tages kam ein betrunkener Müller in den Laden, und er begann in einer Sprache zu reden, die der Vierzehnjährige noch nie gehört hatte. Der Betrunkene sprach ein Stück aus einem langen Gedicht.

»Ein Gedicht von Homer«, sagte er, als Schliemann ihn fragte. »Die Geschichte vom Trojanischen Krieg. Auf griechisch!« fuhr er stolz fort, und als ihm der Junge ein Glas Branntwein bezahlte, sprach er aus der Ilias eine weitere Stelle. Da ergriff den Jungen wieder die Sehnsucht nach Troja. Aber er sah keinen Weg, aus dem Laden zu entkommen, der ein Gefängnis für ihn war. Schließlich half ihm ein Faß mit Zichorie.

Es war zu schwer für den Jungen, und als er es aufhob, brach er zusammen und fing an, Blut zu spucken. Nun war es mit dem Schleppen von Kartoffelsäcken, von Kisten und Fässern vorbei. Der Ladeninhaber entließ ihn, weil er zu schwach war. Mit dreißig Talern in der Tasche ging Heinrich Schliemann zu Fuß nach Hamburg, lernte in einer Woche Buchhaltung nach dem »System Schwanbeck«, war von den Türmen der Stadt begeistert und mehr noch vom Hafen. Denn dort gab es Schiffe, die in die ganze Welt fuhren. Und er rüstete sich für eine große Fahrt aus. Er verkaufte die Armbanduhr, die er hatte, kaufte dafür bei einem Trödler zwei Hemden, einen Rock, eine Hose, eine Matratze und eine Wolldecke, die wegen der vielen Flicken wie eine Landkarte aussah. Als Schiffsjunge ging er am 28. November 1841 auf der Brigg »Dorothea« in See – nach Venezuela. In seinen freien Stunden lernte er Spanisch.

Am 1. Dezember kam Sturm auf, der Tag für Tag zunahm. Das Thermometer fiel auf sechs Grad unter

Null. Schneegestöber machte die Tage dunkel. Am 11. Dezember brach das Bramsegel weg, wenige Tage später auch der Sturmsegelmast. Der Tag war unter schweren Wolken erstickt. Noch einmal teilte sich die Wolkenwand. Zwischen Wellenbergen sah der Junge die Sonne tanzen. Er konnte nicht fassen, daß es sie noch gab. Längst war der Schleppanker ausgeworfen; nun riß die Trosse. Und um Mitternacht brüllte der Kapitän: »Das Schiff geht unter!«

Schiff im Sturm. Flachzylinder aus Knossos

Schliemann hatte nur ein paar Fetzen am Leibe. Er war wie alle anderen zerschunden, drei Vorderzähne waren ihm ausgebrochen. Seine Angst ließ ihn Haie in den Wellen entdecken. Während die Schiffsglocke schlug, ohne daß einer sie bediente, wurden die beiden Rettungsboote zertrümmert. Nur das Heckboot kam heil ins Wasser.

In diesem Augenblick ging das Schiff in die Tiefe. Schliemann klammerte sich an eine leere Tonne, und so trieb er, bis ihn das Heckboot aufnahm. Vierzehn Menschen trug das Boot durch den Sturm, zwei Tage lang. Dann lief es auf dem Sandstrand von Texel auf, einer Insel vor der holländischen Küste. Dort bekam Schliemann von einem Bauern eine Wolldecke, eine Hose, Holzschuhe und eine Mütze.

Am Tage darauf kam als Treibgut seine Schiffskiste an.

Er war der einzige, der so viel Glück hatte. Das Meer, das dunkle Ungeheuer, hatte ihn nicht behalten, es hatte sogar seine Habe an Land gespien. Und die andern beneideten ihn und nannten ihn »Jonas«. An diesem Tage beschloß er, nie aufzugeben, was auch das Schicksal an Schlägen für ihn bereithalten sollte.

Den Schiffbrüchigen wurde angeboten, nach Deutschland zurückzukehren. Schliemann wollte das nicht. Er hatte vor, in Holland sein Glück zu versuchen. Kaufmann wollte er werden, reich, unabhängig, um eines Tages Troja suchen und ausgraben zu können.

Er ging nach Amsterdam. Dort begann er vom ersten Tag an Sprachen zu lernen. Überall, wo ihm seine Tätigkeit als Laufbursche Zeit ließ, vor dem Postschalter, im Regen, im Wartezimmer, zog er ein Buch aus der Tasche und lernte Vokabeln und Sätze. In der englischen Kirche versäumte er keine Predigt. Nach einem halben Jahr sprach er Englisch so gut wie Deutsch. In den nächsten sechs Monaten bemächtigte er sich des Französischen. Im Jahre darauf kamen außer Holländisch noch drei weitere Sprachen dazu: Italienisch, Portugiesisch und Spanisch.

Als er am 1. März 1844 im Handelshaus Schröder mit einem Jahresgehalt von sechshundert Gulden angestellt wurde, war er fähig, in sieben Sprachen Briefe zu schreiben. Nach vier Wochen wurde sein Gehalt auf tausend Gulden erhöht.

Schröder unterhielt Handelsbeziehungen mit Rußland. Schliemann erbot sich, in sechs Wochen Russisch zu lernen. Und er führte es durch. Mit Hilfe einer Grammatik, eines Wörterbuchs und einer russischen Ausgabe des ›Telemach‹ eignete er sich den nötigen Wortschatz an. Da es in ganz Amsterdam keinen Lehrer für Russisch gab, mietete sich Schliemann wenigstens einen Zeugen für seine Selbstgespräche in Russisch. Ein alter Jude, der kein Wort dieser Sprache verstand, hörte für einen Gulden pro Tag sechs Wochen lang zu, wie ein junger Mann aus Mecklenburg eine schwierige Sprache zu seiner eigenen machte, während er eine Tasse Tee nach der anderen trank. Nach Ablauf der Frist, die sich Schliemann gesetzt hatte, schrieb er den ersten russischen Brief an Wassili Plotnikow, den Londoner Vertreter einer großen Indigo-Firma in Moskau. In diesem Brief war kein Fehler.

Auf den hochbegabten jungen Mann wurden rasch Kaufleute aus Rußland aufmerksam. Ein Petersburger machte ihm das Angebot, eine Firma »Schiwago & Schliemann« zu gründen. Da schickte Schröder ihn als seinen Vertreter nach Rußland.

Zwei Jahre später war Schliemann ein Unternehmer mit Vermögen, bald darauf Großhändler, schließlich erblicher russischer Ehrenbürger und Direktor an der Kaiserlichen Staatsbank zu St. Petersburg. Um es so weit zu bringen, hatte er sich viel zugemutet. Weite Schlittenreisen führten ihn bei 35 Grad Kälte durch erstarrte Landschaften, und mehrmals wurde er krank, einmal lebensgefährlich.

Er war achtundzwanzig Jahre alt, als er die Nachricht erhielt, sein Bruder Ludwig sei in Kalifornien gestorben. In einer Zeitung entdeckte er die Notiz, ein gewisser Louis Schliemann habe ein Vermögen hinterlassen – Grund genug für Heinrich Schliemann, sofort ins Goldland zu reisen. Doch die »Atlantik«, auf der er die Überfahrt machen wollte, geriet in einen Sturm, der ihr Steuer zerschlug. Als auch die Maschinen ausfielen, setzte der Kapitän Segel, »die wie Taschentücher aussahen«. Der Orkan trieb das Schiff nach Europa zurück.

Auf der »Afrika« erreichte Schliemann drei Wochen später New York. Als er feststellte, daß seines Bruders Vermögen veruntreut war, ging er, statt mit Prozessen die Zeit zu verlieren, dorthin, wo Ludwig seinen Reichtum gefunden hatte. Mit Revolver und Dolch bewaffnet, durchstreifte er wie andere Goldsucher den Dschungel, sah in Panama »Schmetterlinge so groß wie Tauben« und sehr viel Elend, entging in der Nacht vom 4. zum 5. Juni 1851 dem großen Brand von San Franzisko, bei dem mehrere Ausländer als Brandstifter gelyncht wurden, gründete ein Bankhaus für Handel mit Goldstaub, schuftete »härter als jeder Negersklave«, holte sich das Gelbe Fieber und kehrte über Panama, wo er sich tagelang von erlegten Leguanen ernährte, mit brandigem Bein nach Europa zurück. Als Dreißigjähriger, der in Amerika sein Vermögen verdoppelt hatte, kam er im Schlitten in Petersburg an.

Im Jahre darauf heiratete er eine Russin, die wenig Verständnis für ihn aufbrachte. Den Kaufmann aber überhäufte das Glück mit Gütern. Als ein Großbrand in Memel die Lagerhäuser zerstörte und Schliemann annehmen mußte, er habe sein Vermögen verloren, stellte sich heraus, daß seine Frachten sich im einzigen Lagerhaus befanden, das nicht abgebrannt war.

Er lernte weitere Sprachen: Schwedisch, Dänisch, Norwegisch, Polnisch, Slowenisch; und im Jahre 1855, als ihm ein Sohn geboren wurde, lernte er Neugriechisch und die Sprache Homers, die ihm mehr als alle anderen am Herzen lag.

Auf einer Reise durch Italien und Ägypten kamen Latein, Arabisch und Persisch dazu.

Noch drei weitere Jahre diente er Hermes, dem Gott der Kaufleute und Diebe. Dann waren seine Einkünfte so erheblich, daß er den größten Schritt seines Lebens tun konnte. Mit vierzig Jahren löste er sein Handelshaus auf. In der zweiten Hälfte seines Lebens wollte er frei sein für das Werk, das er sich mit zehn Jahren vorgenommen hatte: die Mauern von Troja aus der Erde zu graben.

Doch ehe er nach Troja aufbrach, trieb es ihn um die ganze Erde, durch drei Kontinente. Denn trotz seines Aufstiegs vom Habenichts zum Millionär fühlte er sich unglücklich, trotz seiner Sprachkenntnisse, die ihm so viele Türen öffneten. Er hatte niemanden, der ihn verstand. Dazu kamen Zweifel, ob er genügend gerüstet sei für das, was er vorhatte. In einem Brief sprach er die Befürchtung aus, daß er nie etwas anderes sein werde als ein Dilettant.

»Mein Gekritzel«, so schrieb er, »fällt mir zusammen wie ein Kartenhaus, das kein Fundament hat.«

Er nahm sich vor zu studieren. Vorher aber wollte er um die Erde reisen, wobei er sich auch berühmte Ruinen ansehen wollte. Sein erstes Ziel war Karthago. Dann stattete er den Pyramiden einen zweiten Besuch ab. Die weitere Reise führte ihn nach Ceylon, durch das nördliche Indien zum Himalaja; und über Java, wo er glückliche Tage verbrachte, kam er ins »Reich der Mitte«, von dem er sich besondere Überraschungen versprach. Aber vieles in China erregte seinen Unwillen, ja seinen Abscheu: die Gerüche, der Staub, die schmutzigen Rasthäuser, die Bettler und Lumpensammler, abgeschlagene Köpfe und verkommene Tempel, das befremdliche Essen und das Reisen in Rikschas.

Entscheidend wurden für ihn zwei Begegnungen. Er traf den Engländer Robert Thomas, der Russisch, Deutsch, Schwedisch, Französisch, Spanisch, Portugiesisch, Italienisch, Japanisch und Chinesisch in kurzer Zeit

Geflügelter Schuh aus Attika

vollkommen erlernt hatte und ein ebenso gebildeter wie bescheidener Mann war. Der Engländer war dem sprunghaften Deutschen auf jede Weise behilflich.

Von Peking aus brach Schliemann zu einer erstaunlichen Expedition auf. Da niemand an ihr teilnehmen wollte, zog er ohne Begleiter auf einem unbequemen Karren, meist auf der Deichsel reitend, zur Chinesischen Mauer, dem ungeheuerlichsten aller Bauwerke, das sich nach dem Willen des »Himmels-Sohnes« zweitausendfünfhundert Kilometer durch Wüsten und Gebirge hinzieht.

Schliemann erstieg die Mauer in großer Erregung. Sein Geist sah sie von Horden bestürmt und von Chinesen verteidigt. Er nahm genaue Maße und brach einen Stein aus der Mauer. Ihn trug er zur allgemeinen Belustigung auf seinem Rücken nach Peking.

In seinem ersten Buch gestand er später, daß er an der Chinesischen Mauer von den Mauern Trojas und Mykenäs geträumt habe.

Japan, sein nächstes Ziel, begeisterte ihn. Er besichtigte Bauten und Bäder, bestaunte die Liebenswürdigkeit japanischer Frauen, sah den Gegenkaiser in großer Prozession vorüberreiten und bemerkte entsetzt, daß der Zug über die Leichen dreier Erschlagener hinweggegangen war.

Den Pazifik überquerte Schliemann an Bord eines kleinen Schiffes. Während der Überfahrt hielt er in einem ersten Buch seine Eindrücke von China und Japan fest. Er betrat in San Franzisko amerikanischen Boden, fuhr nach Nicaragua und Mexiko und ließ sich schließlich in Paris nieder, um an der Sorbonne Archäologie zu studieren. Im Frühjahr 1868 fuhr er noch einmal nach Amerika, besuchte den Präsidenten der Vereinigten Staaten und Schulen für Neger und machte Geschäfte. Zu seinem Studium nach Paris zurückgekehrt, traf ihn die Nachricht vom plötzlichen Tode seiner Kusine Sophie, mit der ihn vieles verbunden hatte. Es war dieser jähe Verlust, der ihn zur Besinnung brachte. Nun wollte er Ernst machen mit seinem Vorhaben, Troja zu suchen. Nach dreißigjähriger Irrfahrt steuerte er Griechenland an.

Über Neapel und Korfu kam er am 8. Juli 1868 in einem Fischerboot nach Ithaka: ein Deutscher mit amerikanischem Paß, ein Hochbegabter, den seine Frau für verrückt hielt, ein Heimatloser, der eine Heimat ersehnte. Auf der Insel des Odysseus betrat er zum ersten Male die Welt, für die er geboren war.

Von Ithaka fuhr er nach Mykenä, zur Burg Agamemnons, des Achäerfürsten, der den Zug gegen Troja angeführt hatte. In den Gebirgen Griechenlands trieben sich zu Schliemanns Zeiten noch Strauchdiebe und Räuber herum. Es kam nicht selten vor, daß Reisende bei Überfällen ihr Geld verloren, sogar ihr Leben. Als Schliemann von der kleinen Stadt Argos aufbrach, um nach Mykenä zu reiten, gab ihm ein besorgter Leutnant zwei Wachsoldaten mit. Nachdem der Forscher durch einige Fragen festgestellt hatte, daß die Soldaten Mykenä nicht einmal dem Namen nach kannten, ließ er sie im Dorf am Fuße des Burgbergs zurück. Dafür nahm er einen Jungen mit, der ihm sagen konnte, wo die »Festung des Agamemnon« lag, auch das »Schatzhaus des Atreus« und andere Ruinen. Die Ilias in der Hand, erstieg Schliemann den breiten Hügel, der von zwei kahlen Bergen überragt wird.

Von weitem schon sah er Mauern aus zyklopischen Blöcken. Er durchstreifte die Anlage und maß sie aus. Lange stand er vor einem halbverschütteten Tor, dessen Anblick ihm den Atem verschlug.

Über dem Türsturz, einem Granitriegel, der zwanzig Tonnen wiegt, erhebt sich ein steinernes Löwenpaar. Die Löwen sind einander zugekehrt. Die Häupter fehlen. Die Leiber aber haben ihr Leben nicht verloren. Aufgereckt, eine Säule in ihrer Mitte, bewachen sie den Eingang zur Burg Agamemnons.

Schliemann hielt Ausschau nach Gräbern. Nirgendwo war eine Spur zu entdecken. Der Junge führte ihn zum »Schatzhaus des Atreus«, das ein paar hundert Meter vom

Löwentor entfernt in einem Hügel versteckt ist. Ein Gang von fünfzig Meter Länge, eingefaßt von zehn Meter hohen Mauern, führt zum Eingangstor. Schliemann trat in den hohen, bienenkorbförmigen Raum aus strengen Quadern und entdeckte sogleich, daß dahinter ein zweiter Raum ist, eine viereckige Kammer, roh in den Felsen gehauen. Die schmale Verbindungstür ließ wenig Licht ein, und so war es in dem kahlen Verlies dunkel und unwirtlich wie in einer Höhle.

Betroffen stellte Schliemann fest, daß er nicht ein Streichholz in seiner Tasche hatte. Er bat den Jungen, im Dorf Streichhölzer zu holen, doch der Junge versicherte, es gäbe dort keine. Da versprach ihm Schliemann eine halbe Drachme für drei Streichhölzer, und als das Angebot durch einen Schwur bei Agamemnon bekräftigt wurde, rannte der Junge ins Dorf und kam mit einem Reisigbündel und zehn Streichhölzern wieder. Schliemann steckte das Bündel in der Kammer in Brand. Vom Feuerschein aufgeschreckt, stoben Fledermäuse aus allen Winkeln. Trotz allen Suchens war nichts Auffallendes zu entdecken. Aber außerhalb des Schatzhauses bemerkte

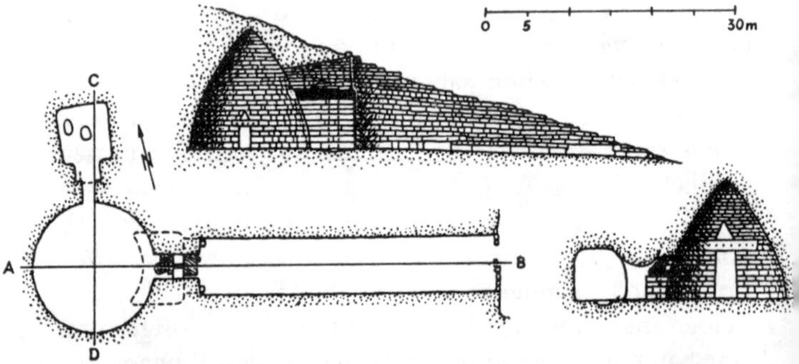

»Schatzhaus des Atreus« zu Mykenä. Unten links: Grundriß; oben: Längsschnitt entsprechend der Linie A–B; unten rechts: Querschnitt entsprechend der Linie C–D. Der Kuppelraum steckt im Hügel. Der Türsturz wird von zwei Blöcken gebildet, von denen der innere etwa hundert Tonnen wiegt.

Schliemann Reste von Töpferwaren, auch von kupfernen Nägeln.

Im Abendlicht glänzten die Mauern von Mykenä wie Gold. Der Mann und der Junge kehrten zu den beiden Soldaten zurück und fanden sie unter einem Baum eingeschlafen. Sie wurden erst wach, als Schliemann ihre Gesichter mit Wasser besprengte. Nach einem Ritt von einigen Stunden erreichten sie Argos, ihren Ausgangspunkt nahe der Küste.

Schwäne von einer mykenischen Vase aus Argos

Schliemann war entschlossen, wiederzukommen, um in Mykenä zu graben. In der Ilias und Odyssee war von Mykenä, dem goldreichen, oft die Rede.

Nur ein Ort hatte bei Homer noch größeren Klang: Troja. Nun, nachdem Schliemann die Burgen des Agamemnon und Odysseus besucht hatte, wollte er wie die Achäer nach Troja aufbrechen, um zu erobern, was noch übrig war von der Stadt.

Schliemann war überzeugt, daß der Trojanische Krieg wirklich stattgefunden hatte, so, wie Homer ihn beschreibt. In seinen Augen waren Achill und Hektor, Kastor und Pollux, Andromache und Helena nicht Sagengestalten, sondern Männer und Frauen, die tatsächlich gelebt und die Schrecken eines zehnjährigen mörderischen Kampfes erlitten hatten. Daß die Götter als Anstifter und Mitstreiter geschildert wurden, machte für Schliemann die Ereignisse nicht weniger glaubwürdig. Paris, der trojanische Prinz, hatte tatsächlich Helena aus Sparta entführt. Die Achäer waren mit ihren Flotten tatsächlich nach Troja gesegelt, um die schönste Frau der Erde zurückzuholen und Rache zu nehmen. Der Zwist zwischen Achill und Agamemnon, der Tod des Patroklos und des edlen Hektor, des Odysseus hölzernes Pferd und der Brand Trojas waren für Schliemann so unumstößliche Tatsachen wie seine Geburt und seine eigenen Abenteuer in vier Kontinenten.

Als er im August 1868 in die Troas fuhr, die äußerste Nordostecke Kleinasiens, um in einem Hügel nahe der Dardanellen Troja zu suchen, vertraute er auf die beiden Bücher Homers. Für ihn waren die Ilias und die Odyssee die Schlüssel zum Erfolg.

Auf der Suche nach Troja

Die siegreichen Achäer hatten Troja als Trümmerhügel zurückgelassen. Aber wenn auch der Tag gekommen war, an dem »das heilige Ilion hinsank« – es blieb im Gedächtnis der Menschen, ja, Troja wurde zu dem Ort, der erhaben war über alle anderen.

Auf dem Hügel von Troja opferte der Perserkönig Xerxes tausend Ochsen, ehe er zu seinem Zug nach Westen aufbrach, um Priamos und sein Volk an den Griechen zu rächen. Alexander begann seinen Indienzug mit einem Lauf um das Grab des Achill. Julius Cäsar Pompejus, der das Geschlecht der ältesten Könige von Rom auf den Trojaner Äneas zurückführte, streifte durch das Eichendickicht, das die Trümmer Trojas verbarg; und er beschloß, an dieser Stelle die Hauptstadt der Welt zu erbauen. Den gleichen Gedanken hatte auch Konstantin. Kaiser und Narren und Begeisterte pilgerten zu dem Platz, an dem Hektor den Patroklos erschlagen hatte, Achill den Hektor. Griechen und Römer versuchten vergebens, die

Stadt der Vorzeit in neuem Glanz erstehen zu lassen. Als um 1100 der Angelsachse Seawulf an der Küste der Troas vorbeifuhr, sah er nur Ruinen, »über Meilen verstreut«; zweihundert Jahre später berichtete der geheimnisumwitterte Sir John Mandeville, von Troja sei nicht die mindeste Spur mehr erhalten. Troja wurde zu einem Thema für Dichter und Maler und für Legionen von Gymnasiasten, die Homers Gesänge als Prüfungsstoff kennenlernten.

Die Türken riegelten Troja von Europa ab. Nur einer Handvoll Abenteurer glückte es einzudringen: 1552 dem französischen Diplomaten Bellon, der in Wittenberg studiert hatte, dem Italiener Pietro della Valle, der aus einer Zisterne im kleinasiatischen Alexandrien »Trojanisches Wasser« trank, und im Jahre 1676 den Reisenden Jacques Spon und George Wheler – aber sie alle suchten am falschen Ort. Erst George Sandys, Lady Wortley und der Forscher Richard Pococke wurden von Einheimischen auf die rechte Fährte gewiesen. Hirten und Bauern hatten auf dem Hügel von Hissarlik Funde gemacht, die vermuten ließen, daß der Ort ein ehrwürdiges Alter habe.

Das war hundertfünfzig Jahre vor Schliemann. 1822 vertrat auch der Archäologe Maclaren die Meinung, daß Troja im Hügel von Hissarlik stecke, ein Deutscher war der gleichen Ansicht, und der Österreicher von Hahn grub dort sogar ein paar Tage, nachdem türkische Plünderer einen ansehnlichen Schatz von Silbermünzen, rund zweitausend Jahre alt, aus dem Berg geholt hatten.

Die meisten aber suchten Troja an einer anderen Stelle. Sie vermuteten die Stadt Homers in der Anhöhe Bunarbaschi, die zehn Kilometer weiter im Süden liegt. Diesem Hügel gab – außer der Britischen Admiralität und andern – auch Moltke den Vorzug: weil der Platz sich für die Anlage einer beherrschenden Festung anbiete. Für alle, die sich Gedanken wegen der Lage Trojas machten, war damit der Fall entschieden. Es gab ohnehin nicht viele, die glaubten, daß es Homers Troja in Wirklichkeit je gegeben habe.

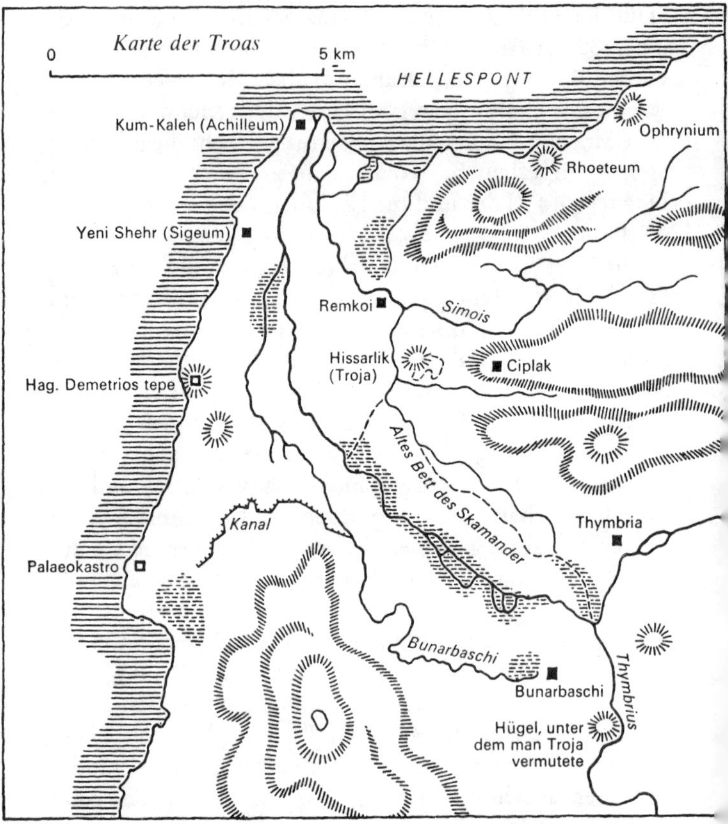

Im Jahre 1868, in dem Schliemann von Mykenä aus nach Troja kam, hielt außer dem »Odysseus« aus Ankershagen nur einer an diesem Glauben fest: der Engländer Frank Calvert. Er war amerikanischer Konsul an den Dardanellen und lebte seit 1859 in der Troas. Von Homer begeistert, durchstreifte er das Land und hielt Ausschau nach den Überresten von Troja. Er fand eine Reihe von Hügeln, die auf uralte Siedlungen deuteten. Der Hügel von Hissarlik zog Calvert mehr an als der von Bunarbaschi. Hissarlik, ein türkisches Wort, gab einen Hinweis: es bedeutet »Burgstall«. 1860 kratzte Calvert den Hügel an, dessen östliche Hälfte er gekauft hatte. Für ausgedehnte Grabungen hatte er nicht genug Mittel. Immer wieder hatte er versucht, das Britische Museum und eine archäologische Gesellschaft zu interessieren – mit wenig Erfolg. Als daher im August 1868 in der Troas ein Mann auftauchte, der entschlossen war, Troja zu finden, und Geld genug hatte, einen Berg abtragen zu lassen, war niemand mehr erfreut als Frank Calvert.

Zunächst ritt Schliemann freilich nach Bunarbaschi. Dort fand er armselige Hütten voll Wanzen und Dreck, was ihn zwang, die Nächte auf freiem Felde zu verbringen. An drei glutheißen Tagen grub er dreißig Suchlöcher auf dem Hügel. Weder Scherben noch Blöcke trojanischer Mauern kamen zum Vorschein.

Bunarbaschi liegt rund vierzehn Kilometer von der Stelle entfernt, die für das Schiffslager der Griechen in Betracht kommt; der Hügel von Hissarlik dagegen nur fünf. Schliemann schlug die Ilias auf und errechnete, daß die Achäer in neun Kampfstunden vierundachtzig Kilometer hätten laufen müssen, falls Troja auf dem Hügel von Bunarbaschi gestanden hätte. Die Achäer trugen mannshohe Schilde, schwere Panzer, Lanzen und Schwerter. Auch das war von Homer genau beschrieben. Selbst für gewaltige Helden war es unmöglich, so ausgerüstet vierundachtzig Kilometer zu bewältigen, noch dazu in Kämpfe verwickelt; ein Drittel der Strecke aber konnten selbst gewöhnliche Krieger schaffen. Das war ein zwingender Schluß. Schliemann gab sich damit nicht zufrieden.

Aufmerksam las er die Stelle nach, an der Homer den furchtbaren Lauf von Achill und Hektor um Troja beschreibt: Apoll hat Achill an das Ufer des Skamander gelockt, fast bis zu den Quellen, von denen die eine warm, die andere kalt ist. Sobald Achill Hektor vor dem Skäischen Tor bemerkt, beginnt er den Angriff. Vom schrecklichen Glanz der Rüstung Achills aus der Fassung gebracht, ergreift Hektor die Flucht. Dreimal laufen die beiden rings um die Mauern der Stadt, vorüber am Feigenhügel und an den zwei Quellen, »und alle Götter sahen zu«. Schliemann machte einen Versuch, den Ort zu umkreisen: in eilendem Lauf – wie es bei Homer zu lesen war. Vom Skamander in gerader Richtung zu den zwei Quellen, dann nach Südosten einer Erdspalte folgend, die den Hügel von Felsen trennt – so kam der hartnäckige Sucher nach einstündigem beschwerlichem Marsch im Südwesten des Hügels an einen Steilhang, der etwa hundertfünfzig Meter abfällt. Ihn rutschte er auf allen vieren rückwärts hinunter in eine Schlucht. Nun war Schliemann überzeugt: Niemand, der mit Menschenlungen atmete und mit Menschenfüßen lief, konnte dreimal diesen Hügel umkreisen, um sich anschließend im Zweikampf zu messen.

Schliemann verzehrte das Gerstenbrot, das er als einzigen Mundvorrat in seiner Tasche hatte, und trank, mit beiden Armen bis an die Ellbogen in Schlamm einsinkend, aus dem Skamander.

Da erinnerte er sich der beiden Quellen. Von ihnen heißt es bei Homer: »Aus der einen fließt warmes Wasser, und Rauch steigt empor, die andere aber ist auch im Sommer so kalt wie Hagel.« Schliemann hielt ein Thermometer in die zwei Quellen. Beide hatten eine Temperatur von siebzehneinhalb Grad. Und dann entdeckte er in einem Umkreis von einem halben Kilometer insgesamt vierunddreißig Quellen! Sein Begleiter zeigte ihm noch sechs dazu. Und er sagte, der Platz heiße türkisch Kirk Giös, was soviel bedeute wie »Vierzig Augen«. Schliemann gab Bunarbaschi auf.

Am 14. August ritt er zum Hügel von Hissarlik, auf den Frank Calvert seine Hoffnungen setzte. Um zehn Uhr kam er dort an. Calvert zeigte Schliemann Scherben und Säulenreste, auf die er bei seinen Grabungen gestoßen war. Er war es auch, der Schliemann sagte, im Hügel müsse eine Anzahl von Städten versteckt sein, eine auf den

Trümmern der andern erbaut, und nicht nur *ein* Troja. Es sei also mit mehreren Schichten zu rechnen.

Schliemann stellte fest, daß der Hügel oben ein flaches Rechteck von zweihundertfünfzig mal zweihundert Metern bildete. Er hatte sich Ilion viel mächtiger vorgestellt. Trotzdem hatte er keine Bedenken, daß Calvert recht habe. Schliemann vermutete auf dem Felsgrund des Hügels die Burg und in der Erde ringsum die Reste »der volkreichen Stadt«. Daher war er entschlossen, alles später Erbaute weitgehend abzutragen, um in der tiefsten Schicht die Paläste und Tempel vom homerischen Troja freizulegen.

Ein besonderer Umstand machte Schliemann zu schaffen: Von »zwei Quellen« war weit und breit keine Spur. Er fragte bei Calvert an, und der Konsul konnte diesen Mangel erklären. In Erdbebengebieten können Quellen von einem Tag auf den andern entstehen und wieder verschwinden. Das hatte Calvert mit eigenen Augen gesehen. Erst drei Jahre zuvor waren die heißen Quellen von Tongla durch einen Erdstoß verschüttet worden. Seit Menschengedenken galt die Ebene von Troja als Erdbebenherd.

Schliemann gab sich zufrieden. Seit sechs Tagen hatte er nichts als Gerstenbrot gegessen und Flußwasser getrunken. Nun fuhr er in einen Küstenort und bestellte in einem Gasthaus ein Huhn. Als man es vor seinen Augen fing, schrie es zum Steinerweichen. Da bezahlte er den Preis für das Huhn und gab ihm die Freiheit. Er begnügte sich mit Eiern und Brot und trank dazu Wein. Für die Nacht suchte er auf dem Dach eines Stalles ein Lager, da es im Hause von Wanzen gewimmelt hatte. Als ihn auf dem Dach eine Wolke von Flöhen überfiel, verbrachte er den Rest der Nacht auf freiem Felde, wie er es seit der Ankunft in der Troas gewohnt war.

Am nächsten Tag fuhr Schliemann nach Konstantinopel. Dort beunruhigte er Frank Calvert mit dem Plan, die Ausgrabungen sofort zu beginnen. Calvert riet ab. Er wußte, daß Begeisterung leicht auf Abwege führen kann, wenn man ihr freien Lauf läßt. Er hatte Archäologie gründlich studiert und konnte abschätzen, wie schwierig das Unternehmen sein würde. Daher schlug er Schliemann vor, sich zunächst die Ausgrabungserlaubnis der türkischen Regierung, einen Firman, zu besorgen, die Arbeiten gut vorzubereiten und zu einem günstigeren Zeitpunkt, nämlich im Frühjahr, mit der Ausgrabung zu beginnen.

Frank Calvert gab seine Ratschläge in selbstloser Weise. Ihm gehörte eine Hälfte des Hügels. Er stellte sie ohne jede Gegenforderung zur Verfügung. Außerdem versprach er, die Besitzer der anderen Hügelhälfte zum Verkauf zu überreden. Ein anderer als Calvert hätte vermutlich die Ausgrabung von Troja vereitelt. Von Konstantinopel reiste Schliemann nach Paris. Dort schrieb er in wenigen Wochen sein zweites Buch: »Ithaka, der Peloponnes und Troja«, zunächst englisch, dann deutsch. Das Buch wirkt auf vielen Seiten so trocken wie der Bericht eines Kaufmanns. An manchen Stellen aber blitzen Ideen auf, die den kühnen Geist des Entdeckers verraten.

Das Buch war Schliemanns erster Schritt auf dem Wege zum Ruhm. Er wurde zum Mitglied der Archäologischen Gesellschaft in Paris berufen. Und es war dieses Buch, das seine Heimatuniversität bewog, ihm für seinen Lebenslauf, in klassischem Griechisch geschrieben, die Doktorwürde zu verleihen. Diesen Erfolg schätzte Schliemann höher ein als seine Millionen.

Er hatte nie aufgehört, an Troja zu denken. Aber Calvert hatte den Firman für ihn immer noch nicht erreichen können. Schliemann überschüttete den Konsul mit Fragebriefen: Welche Arzneien er mitbringen müsse; welche Ausgrabungsgeräte, welche Waffen und was für Hüte; ob Griechen oder Türken besser für diese Arbeiten geeignet seien; mit welchen Kosten er rechnen müsse. Calvert beantwortete die endlose Liste geduldig Punkt für Punkt. Er machte Einwände, wo ihm das angebracht schien, korrigierte Schliemanns Berechnungen und beriet ihn wie einen alten Freund. Da er mit der Ausgrabung von Ninive vertraut war, konnte er das unbedingt Notwendige und viel Nützliches aufzählen: von Meßinstrumenten bis zu schwarzem Tee.

Schliemann mußte noch einmal nach Amerika, um persönliche Dinge zu regeln. In New York hatte er in einem Straßenbahnwagen ein bemerkenswertes Erlebnis. Ein achtjähriger Junge ging durch den Wagen, steckte jedem Fahrgast zwei Bücher zu, rief laut: »Jedes Buch zu zwei Cents!« und flüsterte jedem ins Ohr: »Und nur Sie bekommen drei Bücher für fünf Cents«, was Schliemann bewog, dem Jungen einen Dollar zu schenken. Der Junge wies das Geschenk zurück: »Ich bin kein Bettler. Aber ich nehme den Dollar, wenn Sie sechzig Bücher von mir kaufen. Und Schliemann tat es und sagte dem Jungen, der auf solche Weise eine vaterlose Familie ernähren half, eine glänzende Laufbahn voraus.

In Amerika wurde die unglückliche Ehe mit der Russin, die Schliemann nie verstanden hatte, aufgelöst. Nun schrieb Schliemann nach Athen an seinen Freund Theokletos Vimpos, von dem er in Petersburg Griechisch gelernt hatte und der nun Erzbischof war, er möge für ihn eine Griechin suchen, die er unbesorgt zur Frau nehmen könne. Und der Erzbischof fand in Colonos, dem Geburtsort des Sophokles, ein Mädchen, »schön wie Helena«. Schliemann fuhr zu den Eltern, und nachdem er Sophia, das Mädchen, durch drei Fragen geprüft hatte, heiratete er sie.

Nun hatte er die Gefährtin für seine Ausgräber-Abenteuer. Nichts mehr stand im Wege, in Troja mit der Arbeit zu beginnen, nichts außer der Weigerung der türkischen Regierung, den Firman zu erteilen, und der Ungewißheit, ob die Besitzer der westlichen Hügelhälfte sich zum Verkauf entschließen würden.

Schliemann nutzte die Zeit zu Entdeckerfahrten im östlichen Mittelmeer. Mit einem Matrosen, der offenbar nicht genug vom Segeln verstand, fuhr er von Insel zu

Insel. Sie liefen das Graniteiland Delos an, auf dem Apoll geboren worden war, Paros, das den Marmor für Griechenlands schönste Tempel geliefert hatte, Naxos, die Insel des Dionysos. Und dann wurde das Segelboot von einem Sturm erfaßt, der es vier Tage umherwarf und schließlich an der Küste der Insel Santorin zerschlug.

Es war nicht das erste Mal, daß Schliemann von Stürmen geprüft wurde. Aber da dem Scheitern noch immer eine glückliche Wendung gefolgt war, nahm er auch auf Santorin Unglück und Rettung gleichmütig hin, begeisterte sich an den vulkanischen Felsen, die zweihundert Meter aus dem Meere aufragen und in vielen Farben spielen, kaufte von den Inselleuten Steinzeitgefäße und kehrte nach Athen zurück, um mit Sophia nach Troja zu gehen. Er wollte seine Hand auch auf die Westhälfte des Hügels von Hissarlik legen – um jeden Preis.

Sie gehörte zwei türkischen Bauern aus Kum-Kaleh, einem Dorf in der Nähe. Für die Bauern war der Hügel eine Schafweide. Um ihnen beim Verhandeln gewachsen zu sein, lernte Schliemann Türkisch – in achtzehn Tagen.

Seine Arbeiter gruben inzwischen Steinquadern aus. Die Besitzer kamen gelaufen, um sich zu beschweren. Schliemann versuchte, sie für Homer zu begeistern. Die Bauern interessierten sich nur für die Blöcke. Und als Schliemann sie mit vierzig Franken abgefunden und nichts einzuwenden hatte, daß sie die Quadern zum Bau einer kleinen Brücke verwendeten, ließen die Bauern mit sich reden. Schließlich einigte man sich auf einen Kaufpreis von eintausend Franken. Da bekam Savfet Pascha, der türkische Kultusminister, Wind von der Sache. In aller Eile und Heimlichkeit kaufte er die Hügelhälfte um sechshundert Franken für die Regierung. Schliemann fühlte sich hintergangen und begann seinen Kampf um den Firman, der ihm endlich die Möglichkeit geben sollte, in Hissarlik mit vollem Recht und unbehelligt zu graben.

Er schrieb Brief um Brief. Mit einer Hartnäckigkeit ohnegleichen wandte er sich an Männer, die er für einflußreich hielt, und drang bis zu Ministern und Botschaftern vor. Er brachte es fertig, sich mit einem Paß, der auf den Namen des Postmeisters Klein aus Lagny ausgestellt war, ins belagerte Paris durchzuschlagen, weil er sich um die Häuser sorgte, die er dort besaß. Einige Male kam er dabei in Gefahr, als Spion erschossen zu werden.

Es dauerte ein volles Jahr, bis er die amtliche Ausgrabungserlaubnis in Händen hatte. Der Firman war an die Bedingung geknüpft, daß die Hälfte aller Funde an die türkische Regierung abzuliefern sei.

Der erste Fund, den Schliemann bei der Versuchsgrabung »aus dem Brandschutt von Troja« geholt hatte, war eine silberne Münze gewesen. Schliemann nahm das als gutes Zeichen: Eine Münze kann man nicht teilen, ohne ihr den Wert zu rauben. Er hoffte, noch mehr zu finden, bei dem sich Teilen von selbst verbot.

Schliemann gräbt Troja aus

Am 11. Oktober 1871 begann Schliemann, den Hügel von Hissarlik abzutragen: mit acht Arbeitern und acht Schubkarren, die er aus Frankreich mitgebracht hatte. Sophia, seine junge Frau, war vom ersten Spatenstich an eine unentbehrliche Helferin. Savfet Pascha, der Minister, hatte einen Aufpasser geschickt.

Schon am folgenden Tage kamen fünfunddreißig Männer zur Arbeit. Und am 13. Oktober konnte Schliemann die Zahl der Arbeiter auf vierundsiebzig erhöhen.

Schließlich waren durchschnittlich hundert Arbeiter am Werk. Den Lohn zahlte der Grieche Jannakis aus, der auch Schliemanns Koch und Leibwächter war und alle Dialekte der Gegend beherrschte. Auf ihn zählte Schliemann, ihn redete er sogar mit seinem richtigen Namen an, während er für alle Arbeiter neue Bezeichnungen erfand – je nach ihrem mehr oder weniger gottesfürchtigen, gelehrten oder militärischen Aussehen. Er nannte sie Mönch oder Derwisch, Doktor, Schulmeister oder Korporal, was die Arbeiter sofort auch untereinander taten. Auf diese Weise, meinte Schliemann, habe er viele Doktoren um sich, die weder lesen noch schreiben konnten.

Jeder Fund wurde mit einer kleinen Münze belohnt, jede Fälschung mit der achtfachen Summe bestraft.

Zunächst standen nur hölzerne Hauen und Holzschaufeln zur Verfügung. Den Schutt brachten Lastträger in fünfzig Körben fort, was zeitraubend war. Schliemann schaffte Ochsenkarren an und auch sie ersetzte er bald durch Besseres: Schließlich konnten die beträchtlichen Schuttmassen auf regelrechte Feldbahnen verladen werden.

Ein Freund aus England besorgte ausgezeichnete Hakken und Metallschaufeln, mit denen Erde und Schutt leichter losgebrochen werden konnten. Auch sechzig gute Schubkarren kamen mit der Sendung aus London an. Die Freude über das unerwartete Geschenk war groß.

Jeden Tag wurde die Arbeit vor Sonnenaufgang begonnen. Der längste Arbeitstag dauerte von vier Uhr fünfundvierzig bis neunzehn Uhr fünfzehn – das waren vierzehneinhalb Stunden.

Für Sophia und sich baute Schliemann ein kleines Bretterhaus auf dem Hügel. Für die Arbeiter richtete er einen Laden ein, in dem sie Brot und alles mögliche kaufen konnten. Wasser lieferte eine vierhundert Meter entfernte Quelle.

Während der ersten drei Ausgrabungstage war das Leben aller Ausgräber ständig bedroht. Der Hügel wurde durch sie aus jahrhundertelangem Schlaf aufgestört, und er rächte sich. Hunderte von kleinen braunen Giftschlangen mußten erschlagen werden. Sie heißen Antelion, was bedeutet, daß der, den sie beißen, nur noch bis Sonnenuntergang lebt. In einem seiner ersten Ausgrabungsberichte lobte Schliemann die Tausende von Störchen, die im Frühling und Sommer in den Niederungen um Troja den Schlangen nachstellen. Erst durch sie, so glaubte er, würde die Troas für Menschen bewohnbar.

Schliemann war von dem Elend erschüttert, das ihm in den Dörfern rings um den Hügel begegnete. Er, der den Anblick von Blut nur schwer ertragen konnte, besuchte die Kranken in den Hütten, in denen seine Arbeiter hausten, und gab ihnen Heilmittel. Einmal wurde ihm ein Mädchen gebracht, das von Geschwüren bedeckt war. Mehrmals am Tage war sie dem Ersticken nahe. Schliemann verordnete ihr Bäder im Meer und ließ sie Übungen machen, die ihr das Atmen erleichtern sollten. Nach zwei Wochen legte das Mädchen den dreistündigen Weg von ihrem Dorf bis nach Hissarlik zu Fuß zurück und küßte Schliemann die Schuhe. Das Baden im Meer hatte sie gesund gemacht.

Wo immer der seltsame fremde Mann auftauchte, streiften ihn bewundernde Blicke. Es hieß von ihm, daß er einen Berg versetzen wolle. Und genau das war es, was er vorhatte.

Vor Schliemann hatte noch niemals ein Mensch den Versuch gemacht, eine ganze Stadt aus der Erde zu graben. Es gab keinerlei Methode für ein solches Vorhaben.

Schliemann legte Suchgräben an und durchstieß die oberen Schichten nach allen Seiten. Als ein Brunnenrand sichtbar wurde, ließ er den Brunnen sogleich ausräumen. In siebzehn Metern Tiefe kam der Felsgrund zum Vorschein. Vom Brunnen aus wurden Stollen in die unterste Schicht getrieben. Zerbrochene handgemachte Töpfe, noch unbemalt, kamen ans Licht, auch Krüge mit Gesichtern – und ein Becher mit Doppelhenkel, auf den eine Becherbeschreibung der Ilias paßt. Nun war Schliemann vollkommen sicher: Das Troja Homers konnte nur in der untersten Schicht sein. Es blieb nichts übrig, als den Urboden aufzudecken. Ein breiter Nord-Süd-Graben quer durch den Hügel wurde in Angriff genommen. Und trotz anhaltender Stürme und Wolkenbrüche, trotz Mükken, Malaria, Wassermangel, Augusthitze und Februarfrost, der das Wasser im Bretterhaus zu Eisklumpen machte, trotz der Wanzen und Flöhe und Schlagen und dem Geschrei unzähliger Eulen, trotz Aufruhr von Arbeitern und Engstirnigkeit von Behörden wurden in zweieinhalb Jahren rund eine Viertelmillion Kubikmeter Erde und Schutt fortgeschafft.

Am Ende durchzog den Hügel von Hissarlik ein tiefer Graben, der an der Krone siebzig Meter weit klaffte. Zwanzig Schächte wurden abgeteuft, um die Teile des Hügels, die stehenblieben, zu untersuchen. Photidas, ein griechischer Bergmann, der in Australien gearbeitet hatte, nahm die Vermessungen vor. Zutage kamen Gefäße und Muscheln und Spinnwirteln, Mahlsteine und Haifischknochen, ungeheure Mengen von Steinwerkzeugen aus schwarzem Diorit, vor allem Blöcke.

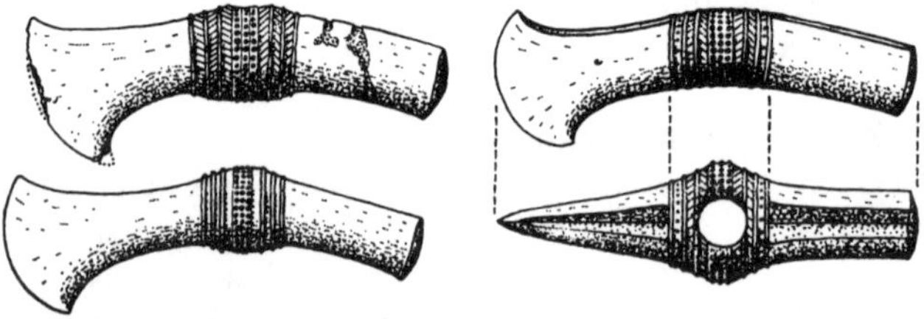

Steinerne Äxte aus Troja

Sie wegzuschaffen machte viel Kopfzerbrechen. Am 24. November arbeiteten fünfundsechzig Männer volle drei Stunden, um eine mächtige Türschwelle mit Hilfe von Tauen und Rollen fortzubewegen. Alles, was beim Vorstoß in die unterste Schicht im Wege war, mußte weichen. Nach Berechnungen, die der Ingenieur Laurent im April 1872 vornahm, wurden an guten Tagen rund fünfhundert Kubikmeter Schutt weggebracht. Es war unvermeidlich, daß bei solchem Vorgehen Töpfe und Figuren aus Ton zerbrochen wurden. Je tiefer der Graben einschnitt, um so größer wurde die Gefahr auch für die Ausgräber. Steine rollten herab, und oft konnten sich Arbeiter nur durch rasche Sprünge retten.

Schliemann ließ Terrassen anlegen und Stützmauern bauen. Als eben sechs Arbeiter unter Anleitung von Photidas eine Mauer durch einen Pfeiler verstärken wollten, stürzte sie ein. Wie durch ein Wunder wurden alle gerettet.

Am 18. Juni 1872 brach eine Erdwand nieder, die einen Arbeiter und Photidas begrub. Die beiden hatten, durch Holzblöcke und dicke Bretter gesichert, versucht, einen Stollen in die Erdwand zu treiben. Nun waren fünfundsiebzig Kubikmeter Erde und Steine auf sie niedergegangen. Bei größter Gefahr für das eigene Leben schnitten Schliemann und einige Helfer die beiden Verschütteten mit Taschenmessern aus ihrem Bretterverhau, der dem Druck der Schuttlawine standgehalten hatte.

Aus dem Hügel tauchten gewaltige Mauern, Tore, Opferaltäre und Rampen auf. Schliemann fand Spuren des Brandes, er fand »die herrlich gepflasterte Straße, die vom Tempel zum Palast des Priamos führte«, und er entdeckte das »Skäische Tor«, an dem Achill vom Pfeil des Paris getroffen worden war.

Damit nicht heimlich Steinplatten weggeschafft wurden, erzählte Schliemann den Christen unter seinen Arbeitern, Jesus von Nazareth sei durch dieses Tor gekommen, um König Priamos zu besuchen, und der Heiland habe alle diese Steine mit seinen Händen berührt. Die Geschichte machte auch auf die Türken Eindruck; auch sie schleppten nichts fort, das zum Tor gehörte.

Dagegen war alles übrige, das aus dem Hügel gegraben wurde, immer in Gefahr, eine Beute habgieriger Bauern oder treuloser Arbeiter zu werden. Als Schliemann für kurze Zeit nach Athen ging, erlag sogar einer der Wächter der Versuchung, sich auf unredliche Weise zu bereichern. Er verkaufte gut behauene Steine und entschuldigte sich bei Schliemann damit, daß die Steine zum Bau eines Glockenturms und einiger Wohnhäuser verwendet worden seien. Natürlich wurde der Bursche fortgejagt und ein neuer Posten aufgestellt, ein Riese mit geladener Flinte. Nun waren wenigstens größere Blöcke, die sich nicht so einfach wegschaffen ließen, vor Steinräubern sicher.

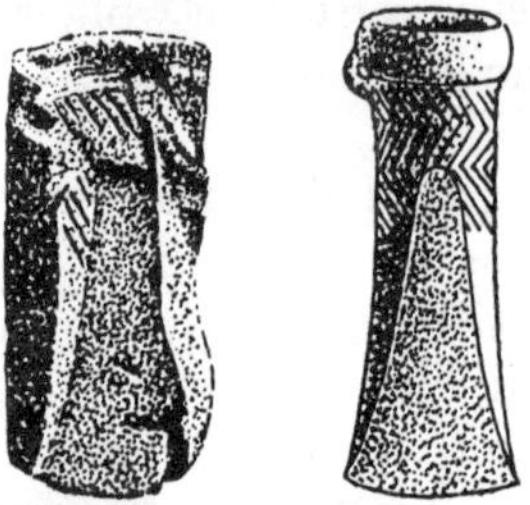

Gußform aus Troja, dazu rekonstruierter Abguß

Es war Mai, als Schliemann das »Skäische Tor« entdeckte: zweieinhalb Jahre nach Beginn der Ausgrabung. Hunderttausend Fundgegenstände waren gesammelt. Schliemann konnte ein ganzes Museum mit ihnen einrichten. Er plante ein Buch mit zweihundert Tafeln und dreitausendfünfhundert Stahlstichen, in dem er die Forschungsergebnisse vorstellen wollte.

Ein Brand hatte Schliemanns Hütte auf dem Hügel zerstört; nur mit knapper Not war Sophia dem Feuer entronnen. Das Land begann in der zunehmenden Trokkenheit zu verbrennen. Es gab Skorpione auf Schritt und Tritt. Nattern, dünn wie ein kleiner Finger, huschten über die Blöcke und schossen aus Erdspalten.

Die Arbeiter wurden aufsässig. Schliemann begann, sich auch vor ihnen zu fürchten, nicht nur vor Schlangen und Skorpionen, deren Zahl trotz aller Gegenwehr zunahm. Manchmal ritt er in ein Nachbardorf zu einem griechischen Händler, der ohne Füße geboren war. Bei diesem Mann, der Italienisch und Französisch sprach, suchte der Ausgräber Verständnis für sein Werk.

Er selbst hatte trotz aller Funde mit Zweifeln zu kämpfen. Statt der Bauten, die Homer beschrieb, hatte er

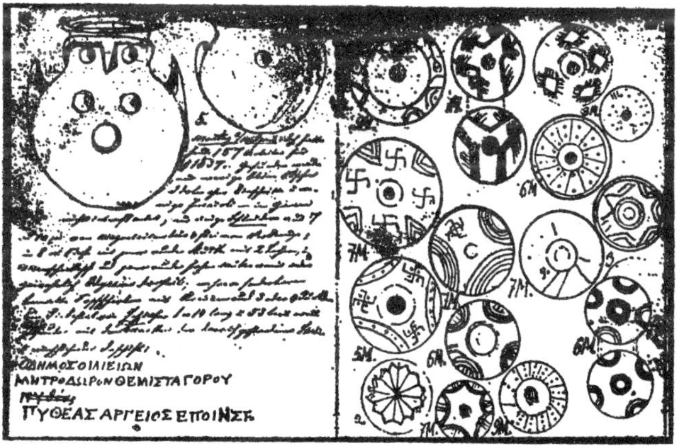

Seite aus dem Tagebuch Schliemanns: 14. April 1873

Mauern, Gefäße und Geräte aus den verschiedensten Zeiten gefunden. Nur einmal war er auf ein Skelett mit Schmuck gestoßen, einer goldenen Haarnadel und goldenen Ohrgehängen. Die Fülle von Ornamenten, die er auf seinen Funden entdeckte, verwirrte ihn. Das Hakenkreuz, als Sonnenzeichen in allen frühen Kulturen bekannt, kam ihm so häufig entgegen, daß er darüber ein Buch plante.

Aus Berlin und Paris, von Gelehrten aus aller Welt, kamen kritische und – weit seltener – zustimmende Äußerungen zu seiner Arbeit, von deren wirklichem Ausmaß nur wenige eine rechte Vorstellung hatten. Schliemann fühlte sich müde. Nur auf einen Menschen hatte er sich während der zweieinhalb Jahre voll verlassen können, auf Sophia, seine Frau.

Am 30. Mai teilte Schliemann seinem Sohn Sergej in Moskau mit, daß sein Ausgräberwerk in Troja getan sei.

Am gleichen Tage schrieb Schliemann auch an Frank Calvert. Der Brief hatte folgenden Wortlaut: »Leider muß ich Ihnen mitteilen, daß ich streng bewacht werde und befürchte, daß der türkische Aufpasser, der aus mir unbekannten Gründen gegen mich aufgebracht ist, morgen mein Haus durchsuchen wird. Ich erlaube mir daher, Ihnen sechs Körbe und einen Reisesack anzuvertrauen mit der Bitte, sie gütigst einzuschließen und um keinen Preis zuzulassen, daß die Türken sie in Beschlag nehmen.«

Was war da geschehen? Was war im Reisesack und in den sechs Körben, die Schliemann in aller Heimlichkeit zu dem Mann schickte, dem die eine Hälfte des Hügels gehörte?

Am frühen Morgen dieses 30. Mai 1873 (oder nicht lange vorher – Schliemann hat den genauen Tag nie bekanntgegeben) gruben die Arbeiter über den ganzen Hügel verstreut. Schliemann wollte es auf diese Weise dem Aufpasser Amin Effendi unmöglich machen, alles zu sehen, was aus der Erde kam. Schliemann, Sophia und drei Arbeiter gruben an der Ringmauer nicht weit vom Skäischen Tor und vom Palast des Priamos. In einer Tiefe von acht bis neun Metern stieß Schliemann auf einen »großen kupfernen Gegenstand höchst merkwürdiger Form«. Er lag wie ein Schild da, unter dem sich etwas verbirgt. Schliemann sah sofort, daß es Gold war. So rasch es ging, deckte er seinen Fund mit Erde und Steinen zu.

Dann rief er Sophia zu sich her und gab ihr einen Auftrag, den sie befremdlich fand. Sie sollte über den ganzen Hügel hin »Paidos!« ausrufen. Paidos ist ein Wort unbestimmter Herkunft, das im Türkischen »Pause« bedeutet.

»Jetzt?« fragte Sophia erstaunt, »um sieben Uhr früh?«

»Tu, was ich dir sage«, verlangte Schliemann und fügte

hinzu: »Sag den Leuten, ich hätte Geburtstag und sie könnten nach Hause gehen.«

Da sah Sophia an Schliemanns Gesicht, daß er etwas Außergewöhnliches entdeckt haben müsse. Sie kletterte über eine der wackeligen Leitern auf den Hügel und rief »Paidos!« aus.

Alle wunderten sich. Doch als Sophia ihnen ausrichtete, daß Schliemann an seinem Geburtstag eingefallen sei, jedem seiner Helfer einen freien Tag zu schenken, gab es fröhliche Rufe, und jedermann ging nach Hause. Und offenbar hielt sich auch Amin Effendi für einen Helfer Schliemanns. Er ging ohne Bedenken, denn in den letzten Wochen war an solchen Funden, die man wegtragen kann, nahezu nichts zum Vorschein gekommen.

Sophia stieg zu Schliemann hinab und sagte ihm, daß außer ihnen nun niemand mehr auf dem Hügel von Hissarlik sei. Da räumte Schliemann die Erde weg, mit der er seine Entdeckung gesichert hatte.

Über dem schildförmigen kupfernen Gegenstand lag eine eineinhalb Meter dicke Schicht aus Trümmern und roter Asche, beim Brande Trojas zu einem steinharten Riegel gebacken. Auf ihm lastete eine sechseinhalb Meter hohe Umfassungsmauer, aus groben Steinen und Erde aufgeführt. Schliemann mußte sich auf den Schuttriegel verlassen. Der Anblick des Goldes ließ ihn jede Gefahr vergessen.

Goldene Ohrgehänge aus Troja

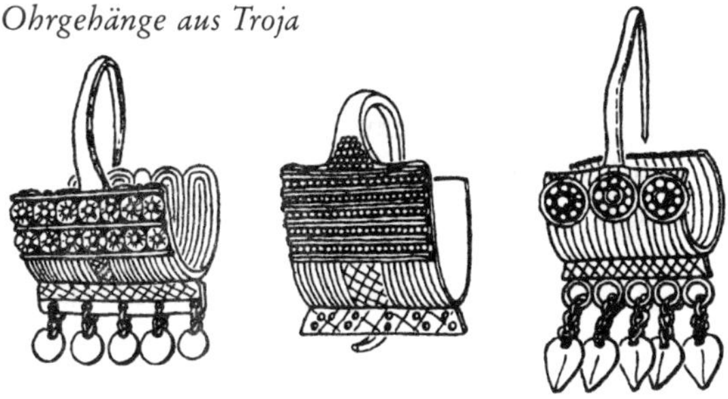

Mit seinem Taschenmesser schnitt er den Schatz aus der Erde. Stück um Stück legte er auf das rote Umschlagtuch seiner Frau; als erstes einen kupfernen Schild und einen Helm mit zwei Hörnern; dann Kupferkessel und kupferne Platten, Silberschalen und Silberbecher, kupferne Dolche und Speerspitzen, silberne Messer; und schließlich Gold: Trinkschalen, deren größte sechshundert Gramm wog, Diademe aus zahlreichen goldenen Ketten, goldene Ohrgehänge, goldene Reifen, goldene Armbänder, unzählige kleine Ringe, durchbohrte Würfel und Knöpfe in Perlenform – alles von Gold. Allein achttausendsiebenhundertfünfzig goldene Ringe, wie sich später beim Zählen ergab!

Schliemann fand einen kupfernen Gegenstand, den er zunächst für den Schlüssel zur Schatztruhe hielt; doch war es ein Meißel, wie sich später herausstellte.

Schliemann war sicher, den »Schatz des Priamos« gefunden zu haben. Niemand sah zu, als er den Schatz in sein Bretterhaus trug. Dort setzte er seiner Frau mit zitternden Händen das Diadem auf, das aus neunzig goldenen Ketten gebildet war. Feine Goldringe deckten als Schleier die Stirn, über die Schultern fielen Blüten- und Blattgehänge aus Gold.

»Helena!« sagte der Mann zu Sophia, als sie im trojanischen Schmuck vor ihm stand. Nur noch einmal in seinem Leben war Schliemann ein Augenblick von solcher Größe beschieden: als er Agamemnon ins Antlitz sah.

Nun galt es, den »Schatz des Priamos« vor jedem Zugriff zu sichern. Schliemann entpuppte sich als wahrer Odysseus. Ehe Amin Effendi Verdacht schöpfte und Schliemanns Haus durchsuchen ließ, war der Schatz fort. In sechs Körben und einem Reisesack war er zunächst auf ein Landgut bei Bunarbaschi gewandert. Das Gut gehörte Frederik Calvert, dem Bruder des Konsuls. Wenige Tage später gingen die Körbe über die Grenze. Schliemann machte die türkischen Zöllner betrunken und sagte ihnen, in den Körben sei Obst aus Troja, das seine Frau allen Früchten Griechenlands vorziehe.

Am 17. Juni wurden die Arbeiter plötzlich entlohnt. Ein Priester segnete den zerschnittenen trojanischen Hügel. Schliemann traf zwei Tage später mit dem kostbarsten Teil des Schatzes in Athen ein.

Dort gab er seine große Entdeckung unverzüglich bekannt. Er schrieb Briefe in alle Welt und Berichte für die ›Augsburger Allgemeine‹. Das Gold von Troja führte er als Beweis für die Richtigkeit seiner Behauptung an, daß es Troja wirklich gegeben und daß der von Homer geschilderte Krieg wirklich stattgefunden habe.

Die Welt horchte auf. Schliemanns Ruhm drang nach Deutschland, England, in alle Länder.

Gladstone, der englische Premierminister, trat für Schliemann ein. Namhafte Forscher und Gelehrte erkannten seiner Entdeckung höchsten Rang zu. Andere meldeten Zweifel an, insbesondere Professoren in Deutschland.

Vor allem wandte sich nun die türkische Regierung gegen Schliemann. Sie warf ihm vor, er habe sie schmählich betrogen, und verlangte die Auslieferung des Trojanischen Schatzes.

Schliemann, der Listenreiche, ließ das Gold rasch verschwinden. Bei Verwandten von Sophia wurde es in Scheunen und Ställen versteckt. Als Schliemanns Haus in Athen durchsucht wurde, fand sich nicht ein Goldring.

Die Türkei zwang Griechenland, Schliemann vor Gericht zu stellen. In einem Prozeß, der sich ein Jahr lang hinzog, wurde der Finder zur Buße von zehntausend Franken verurteilt. Schliemann schickte an die Türkei den fünffachen Betrag und eine Anzahl von Kisten mit Fundgegenständen. Den Schatz, der nun sein Eigentum war, bot er Griechenland an – für die Erlaubnis, in Mykenä graben zu dürfen.

Als diese Erlaubnis verweigert wurde, schrieb er nach London, Paris, nach Petersburg und nach Rom, immer in der Absicht, möglichst viel Unterstützung für seine weitere Ausgrabetätigkeit zu finden.

Schließlich gelang es Virchow, dem großen Forscher

und Arzt, der neben Gladstone der bedeutendste Freund Schliemanns war, den Trojanischen Schatz für Berlin zu sichern.

Schliemann wurde Ehrenbürger der deutschen Hauptstadt; außer ihm war diese Auszeichnung nur Bismarck und Moltke zuteil geworden. Und da auch der Kaiser Schliemann ungewöhnlich ehrte, schenkte der Ausgräber das trojanische Gold »der Nation, die er am meisten liebe und schätze«.

Nach einer Ausstellung in London kam der Schatz ins Berliner Museum für Vor- und Frühgeschichte.

Ein kurzer Bericht über sein weiteres Schicksal sei hier angefügt: Als die Bombenangriffe des Zweiten Weltkrieges begannen, kam der Goldschatz erst in die Tresore der Preußischen Staatsbank, dann in den Luftschutzbunker am Berliner Zoo. Ein Bombenteppich begrub die Bank und den Bunker. Die übrigen Funde aus Troja wurden zum großen Teile nach Schloß Lebus östlich der Elbe gebracht. Dieses Schloß wurde zu Ende des Krieges geplündert und in den Jahren darauf für abbruchreif erklärt.

Eine Archäologin bekam die Erlaubnis, in den Dörfern um Lebus nach Schliemann-Funden Ausschau zu halten. Sie kam mit einem halben Zentner Bonbons und wandte sich an die Kinder. Und sie brachten trojanische Schüsseln und Krüge, die aus dem Schloß in bäuerliche Geschirrschränke gewandert waren. Manche Gefäße zerbrachen die Kinder, um mehr Bonbons herauszuholen. Und schließlich wurde der Archäologin eingestanden, daß bei Hochzeitsfesten nach altem Brauch Töpfe »und anderer alter Kram« aus dem Schloß zerstampft worden waren. Keiner der Tanzenden hatte geahnt, was da unter seinen Schuhen in Scherben ging. Immerhin: ein Teil der trojanischen Keramik wurde gerettet.

Vom Gold, das Schliemann im Mai 1873 in Hissarlik gefunden hat, fehlt jede Spur. Nur im Museum von Istanbul ist heute trojanisches Gold ausgestellt. Es ist goldener

Schmuck, den zwei Arbeiter Schliemanns gefunden und sich unbemerkt angeeignet hatten; der größte Teil war in einer Vase mit einem Eulenkopf verborgen gewesen. Der eine Finder war mit seinem Schatz sofort zu einem Goldschmied gegangen, der ein dickes Halsband mit Blumenmotiven aus dem Gold anfertigte. Der andere Mann hatte den Fund in seinem Haus versteckt. In Abwesenheit des Mannes legte sich seine Frau, die auf die kostbaren Stücke zufällig stieß, den Schmuck um und ging damit auf den Markt. Sie wurde verhaftet und verhört, ihr Mann eingesperrt und gefoltert. So kam der Diebstahl ans Licht. Zum Goldschatz des türkischen Museums gehören auch Gold- und Silberringe, Goldbarren und Goldkügelchen, ein Goldreif und Goldknäufe, die Schliemann bei seinem sechsten Aufenthalt in Troja am 21. Oktober 1878 im Beisein von Offizieren eines englischen Kriegsschiffes an der gleichen Ringmauer entdeckte, an der ihm der erste erregende Fund geglückt war.

Der »Schatz des Priamos«, dem Brandschutt eines Vernichtungskrieges entrissen, liegt vermutlich wieder unter Schutt und Trümmern, die ein Krieg hinterließ – oder in einem sehr entlegenen Versteck. Ein weit bedeutenderer Goldschatz aber, ebenfalls von Schliemann gefunden, hat den Krieg überdauert. Er ist im Nationalmuseum zu Athen ausgestellt. Drei Jahre nach dem trojanischen Fund, im Dezember 1876, kam er auf der Burg von Mykenä ans Licht, in unmittelbarer Nähe vom Löwentor.

Die große Entdeckung beim Löwentor

Als Schliemann zum erstenmal in Mykenä den Spaten ansetzte, hatte er dazu keine Erlaubnis. Das war ein Jahr nach der Rückkehr von seiner erfolgreichen Grabung in Troja. Heimlich warb er eine Handvoll Arbeiter an und ließ von ihnen in aller Hast vierunddreißig schmale Suchgräben ausheben. Nach fünf Tagen wurde er auf frischer Tat ertappt und angezeigt. Ein Trupp der Polizei stellte ihn und seine Helfer. Schliemann behielt seine Fassung, lud den Offizier, der ihn verhören sollte, zu einer Tasse Kaffee ein, zeigte ihm die Scherben, die er in einigen Körben gesammelt hatte, und der Offizier meldete seinen Auftraggebern, Herr Schliemann habe nur wertloses Zeug gefunden, »das jeder auflesen kann, der auf dem Ruinenhügel umherstreift«. Allerdings untersagte der Offizier dem Ausgräber »in allerhöchstem Auftrag« jeden weiteren Spatenstich. Eine ständige Wache wurde eingesetzt, um Mykenä vor jedem Zugriff zu sichern. Die Behörden in Athen hatten allen Grund, das zu tun.

Die Entführung des trojanischen Goldes durch Schliemann war inzwischen zum Weltgespräch geworden. Und wenn die griechischen Gerichte Schliemann nur zur Zahlung einer geringen Buße und nicht zur Rückgabe des Schatzes verurteilten, so vor allem deshalb, weil der Gegner Schliemanns in diesem Fall auch der Erzfeind Griechenlands war: der Türke. Auf griechischem Boden sollte Schliemann keinesfalls so vorgehen dürfen wie in Troja.

Ihm blieb also nichts übrig, als mit der Griechischen Archäologischen Gesellschaft einen Vertrag abzuschließen, in dem er die Ablieferung sämtlicher Funde zusicherte und drei ständige Aufpasser in Kauf nahm.

Sobald Schliemann im Besitze einer Vollmacht für Grabungen auf griechischem Boden war, begann er zu graben – in Tiryns. Im Juli 1876 ließ er innerhalb der gewaltigen Burgmauern, die nach alter Überlieferung von sieben Zyklopen aus der Gegend von Troja erbaut waren, einige Suchgräben anlegen. Doch bereits im August hörte er auf, in Tiryns zu graben. Er gab seinen Entschluß bekannt, »die viel wichtigere Ausgrabung von Mykenä« nicht länger hinauszuschieben. »Die Burg« und das nahe beim Löwentor gelegene »Schatzhaus« wollte er freilegen. Wörtlich teilte er mit: »Ich weiß, daß ich nach der Ausgra-

Tor zum »Schatzhaus des Atreus«. Rekonstruktion nach Marinatos. Der Schmuck des etwa elf Meter hohen Tores war von einer Feinheit, die eine stark verkleinerte Zeichnung nicht wiedergeben kann.

bung von Troja der Wissenschaft keinen größeren Dienst erweisen kann, als wenn ich in Mykenä ausgrabe.«

So fuhr er von Tiryns durch die vom Sommer verbrannte Ebene, die bei Homer »das rossenährende Argos« heißt, auf staubbedeckten Straßen durch graubraune Korn- und Tabakfelder nach Norden, bis er die zwei nackten Gipfel aufragen sah, zwischen denen der Burghügel von Mykenä versteckt ist. Je näher Schliemann kam, desto mehr wurde ihm der Hügel zum Berg. Unter dem bleichen Augusthimmel nahm er sich aus wie ein lang vergessener, ungeheurer Helm, mit dem ein Geheimnis für immer zugedeckt ist.

Der zweihundertsiebzig Meter hohe Berg ist in drei Jahrtausenden zu einer Wildnis geworden, aus der nur noch Reste von Zyklopenmauern und zwei steinerne Löwen aufragen. Eine tiefe Schlucht schützt die Südflanke des Berges. Der Wildbach, der den Abgrund in den Felsboden gesägt hat, heißt Chaos. Von Süden her ist ein Angriff auf die Burg unmöglich.

Schliemann, der in Troja seinen großen Fund unter einer Mauer in Tornähe gemacht hatte, wollte auch in Mykenä vor allem beim Löwentor graben. Dort sind die Mauern bis zu fünf Meter dick.

Anders als beim umstrittenen Troja war durch alle Jahrhunderte bekannt, wo der Völkerfürst Agamemnon seine Burg hatte. In alten Büchern gab es sogar Hinweise auf die Königsgräber von Mykenä, deren Auffindung Schliemann vor allem am Herzen lag. Den Schlüssel lieferte der Grieche Pausanias, der um 175 n. Chr. ein Buch über die Sehenswürdigkeiten des alten Griechenland verfaßt hatte. Über die Burg Agamemnons steht da zu lesen: »Unter anderen Überresten der Mauer ist das Tor zu nennen, auf dem zwei Löwen stehen. Auch diese sind, wie man sagt, ein Werk der Zyklopen, die für König Proitos die Mauern von Tiryns gebaut haben. In den Ruinen von Mykenä gibt es die Quelle Perseia, außerdem unterirdische Bauten für Atreus und seine Söhne – Häuser für ihre

Schätze. Dann die Gräber des Atreus ... des Agamemnon und der Kassandra, des Wagenlenkers ... und der Zwillinge, die Kassandra geboren hat. Auch das Grab der Elektra liegt dort. Klytämnestra aber und Ägist wurden außerhalb der Mauer begraben; denn da drinnen, wo Agamemnon und die anderen Erschlagenen lagen, wollte man sie nicht beisetzen, weil man sie dessen doch zu unwürdig hielt.«

Für Pausanias, den alten Reiseführer, waren Agamemnon, Kassandra und Elektra wie für Schliemann wirkliche Menschen, nicht bloß Sagengestalten. Auch Pausanias kannte die Ereignisse des Trojanischen Krieges genau, auch er hatte seinen Homer auswendig gewußt. Das machte ihn für Schliemann glaubwürdig.

Nur deutete der Ausgräber manches, was er bei Pausanias las, anders als die Gelehrten, besonders die Beschreibung der Gräber. Die Gelehrten glaubten, daß Pausanias mit der »Mauer« die Stadtmauer meine, die auch die Unterstadt umfaßt hatte; sie vermuteten die Königsgräber weitab vom Löwentor. Schliemann hingegen sagte sich, daß Pausanias volle vierzehnhundert Jahre nach der Heimkehr des Agamemnon gelebt hatte, also zu einer Zeit, in der die äußere Stadtmauer wie die Unterstadt vollständig vom Erdboden verschwunden war. Das Bild, das sich Schliemann in Mykenä bot, hatte auch Pausanias schon vor Augen gehabt. Mit der »Mauer« konnte er nur jene gemeint haben, in die das Löwentor eingefügt ist. Und eben an der Stelle, die von den steinernen Löwen bewacht wird, wollte Schliemann sein Ausgräberglück versuchen.

Am 7. August, dem glühendsten Tag des Jahres, begann er sein Werk. Am 19. August meldete er, daß er mit hundertfünfundzwanzig Arbeitern gute Fortschritte mache. Lästig waren die drei Aufpasser, von denen Stamatakes das große Wort führte. Mit ihm kam es beinahe täglich zu Zusammenstößen.

Stamatakes hatte strenge Anweisungen. Kein Mauerrest

sollte niedergerissen werden. Was sich als baufällig erwies, sollte Schliemann sichern, bevor er weitergrub.

Schliemann hatte seine Arbeiter über eine weite Fläche verteilt. Er spornte ihren Eifer an, indem er auch kleinste Funde belohnte. So war es für die Aufpasser unmöglich, alles im Auge zu behalten. Stamatakes schrieb erbitterte Briefe nach Athen: »Dieser Mensch zerstört rücksichtslos alles, was ihm unwichtig erscheint. Nachdem er mich den ganzen Tag bei glühender Hitze in Atem gehalten hat, muß ich bis zwei Uhr nachts bei ihm sitzen, um die Funde zu sichten. Ich bin zu Tode erschöpft.«

Schliemann hatte kein Mitleid mit Stamatakes und nannte ihn einen Nörgler. Alle, die ihn hindern wollten, waren in seinen Augen »Dummköpfe, die keine Ahnung haben von dem, was hier auf dem Spiel steht«. Er hatte diesmal nicht die Absicht, etwas heimlich fortzuschaffen – aber er wollte sich um keinen Preis dreinreden lassen, auch nicht von Präfekten oder Abgesandten von Ministern. Mit brennenden Augen ging er umher, und sobald Stamatakes auch nur ein Wort wagte, fiel Schliemann ihn an wie ein Raubtier, das besser nicht gereizt wird. Sophia, seine Frau, versuchte immer wieder zu vermitteln.

Schliemann grub an drei Stellen zugleich: am Löwentor, in dessen unmittelbarer Nähe und am »Schatzhaus des Atreus«. Hier und am Löwentor stieß er auf steinharten Boden. Er legte die Torwächterkammer am Löwentor frei, ein niedriges, ziemlich ungemütliches Gelaß, dessen Decke aus einem einzigen Steinblock besteht. Für irgendwelchen Komfort fand Schliemann keine Anzeichen; aber, so stellte er fest, »da im heroischen Zeitalter einfachen Leuten Luxus nicht bekannt war, wurde er nicht vermißt«.

Mehr Glück hatte er an der Grabungsstelle innerhalb der Burgmauer. Er stieß auf Reste einer Wasserleitung und auf zwei schöne Steinreliefs, die einen anstürmenden Wagenkämpfer und eine Jagdszene darstellen. Das nahm Schliemann als verheißungsvolles Zeichen.

Wagenkämpfer. Steinrelief aus Mykenä

Weitere Funde von überragendem Wert blieben indessen zunächst aus. Zwar kamen bemalte Becherscherben zum Vorschein, Tonfiguren und Tiere aus Ton, Mühlsteine, Beile, Messer, Bruchstücke aus Bergkristall, Pfeilspitzen, Kämme; Eberzähne und Elfenbeinnadeln; endlich ein goldener Knauf. Rings um die Fundstelle ließ Schliemann tiefer graben. Bald stieß er auf einen Kreis von mannshohen Steinplatten, die, in zwei Reihen im Abstand von einem Meter aufgestellt, einen gedeckten Umgang gebildet hatten.

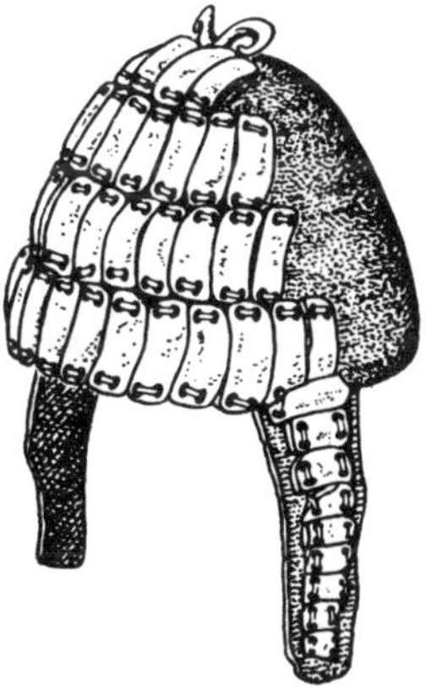

Eberzahnhelm aus Mykenä, wieder zusammengesetzt

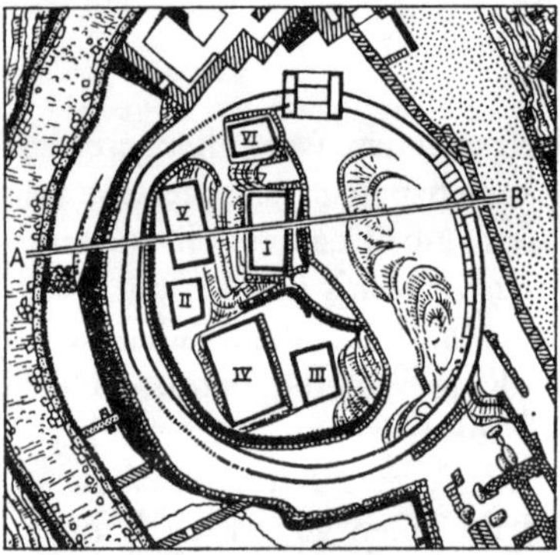

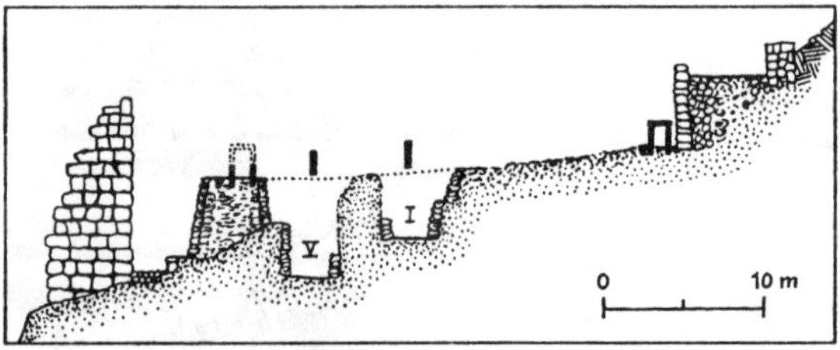

Gräberrund A von Mykenä. Oben: der Platz (die »Agora«) vor Öffnung der Gräber, im Hintergrund die Rückseite des Löwentores. Darunter: Aufsicht – die sechs offenen Gräber. Unten: Schnitt durch das Gräberrund entlang der Linie A–B. Über den Gräbern ist die Stellung der Grabstelen angedeutet, die auch auf dem Bild oben zu sehen sind.

Schliemann hielt den Ring für die Agora, den Versammlungsplatz für das Volk von Mykenä. An diesem bedeutenden Platz vermutete er sofort auch das Grab Agamemnons. Denn die Agora war heiliger Boden, die Mitte der Stadt, der Ort, an dem Entscheidungen über Krieg und Frieden getroffen, die Götter angerufen und Helden und Künstler geehrt wurden.

Es bleibt ein Rätsel, warum Schliemann hier nicht sogleich weitergrub. Er legte südlich dieses Ringes ein großes Gebäude frei, das viel tiefer am Berghang lag. Schliemann glaubte, er sei auf Agamemnons Herrenhaus gestoßen. Doch wurde außer Beilen und Waffen und Steinkreiseln nichts Aufregendes entdeckt – bis ein großes Gefäß ans Licht kam, eine geräumige Vase.

Auf sie war mit roter Farbe ein Zug von Kriegern gemalt, deren Anblick Schliemann sofort in Bann schlug.

Die Krieger sind mit Helmen, Brustharnischen und Beinschienen gerüstet. In der Linken tragen sie einen Rundschild, in der Rechten einen Speer, an dem eine Flasche baumelt. Die Helme sind mit Metallspitzen oder Eberhauern gespickt, von Federbüschen und Hörnern gekrönt.

Zug mykenischer Krieger von einer großen Vase aus Mykenä

Schliemann sah einen Zug trojanischer Krieger abgebildet. An einer Stelle der Ilias ist von solchen Helmen mit Hörnern die Rede; da heißt es: »Menelaos zog sein silberbeschlagenes Schwert und ließ es am Horn des feindlichen Helms niedersausen. Aber das Schwert zerbrach und fiel ihm aus der Hand.«

Nichts machte Schliemann glücklicher, als wenn er Homer auch in Einzelheiten durch seine Funde bestätigt fand.

Zwei glühende Monate gingen über den kahlen Berghügel hin. Die Männer waren vom Abtragen des steinharten Bodens erschöpft. Das endlose Schürfen zermürbte auch Schliemann und Sophia, die keine leichtere Last trug als er.

Mitte Oktober begann Regen zu fallen. Beim »Schatzhaus«, das unweit des Löwentores in der Erde steckt, leitete Sophia die Arbeiten. Eine Wand aus Kalksteinblökken verwehrte den Zugang. Sie mußte beseitigt werden. Als die Ausgräber nach schweren Mühen endlich in den Kuppelraum eindringen konnten, fanden sie auf der Türschwelle ein goldenes Blatt.

An die Stelle von sengender Hitze traten von November an Regen und Schlamm als Widersacher. Wochenlang schien es, als sollte es in Mykenä nicht zu bedeutenden Funden kommen.

Da, am 6. Dezember, als Schliemann den Platz, an dem er die Steinplatten mit der Jagdszene und dem Streitwagen gefunden hatte, genauer untersuchte, stieß er auf ein erstes Grab. Er fand lange behauene Steine, Asche, Schmuckstücke, aus Knochen geschnitzt, und goldene Plättchen.

Ein Wolkenbruch verwandelte das Grab in einen Morast. Schliemann hob benachbarte Grabplatten ab. Ein zweites Grab tat sich auf, das in einer Tiefe von viereinhalb Metern drei Skelette freigab. Sophia säuberte sie mit äußerster Sorgfalt vom Lehm. Bei jedem Skelett wurden fünf Golddiademe entdeckt, vierzehn goldene Kreuze, ein Silberbecher und Scherben von Vasen. Die drei Toten waren mit dem Kopf nach Osten gebettet.

Getriebene Goldscheiben aus Mykenä. Durchmesser etwa 6 cm

In einem dritten Grab wurden ebenfalls drei Skelette gefunden. Ihnen war noch viel mehr mitgegeben worden: Goldkronen, deren oberer Rand von goldenen Blättern gesäumt ist, insgesamt acht; dazu sechs goldene Krüge, Halsbänder, Krüge mit goldenen Deckeln und siebenhundert kleine goldene Teller, wie Sterne, Blumen, Tintenfische und Falter geformt. Außerdem fand sich neben Bronzedolchen mit zweifacher Klinge eine Fülle von goldenem Schmuck.

Über der Nordwand des dritten Grabes, genau in der Mitte des Steinkreises, hing bedrohlich ein Felsblock, den Schliemann für eine Rednertribüne hielt. Mit Schrecken bemerkte er, daß der Block gespalten war. Je tiefer er unterhöhlt wurde, desto größer war die Gefahr für die Arbeiter und für Schliemann selbst. Die Arbeiter, durch die rasch zunehmenden Funde tollkühn gemacht, gruben so eifrig, als befände sich über ihnen der leere Himmel. Wie in Troja geschah es schließlich, daß Schliemann die Gefährdeten in genau dem Augenblick zur Seite riß, als der Block sich löste, um mit fürchterlichem Getöse niederzustürzen. Schliemann und zwei seiner Helfer wurden durch Steinsplitter verwundet.

Bei Pausanias stand von fünf Gräbern geschrieben. Drei davon hatte Schliemann nun entdeckt. Ermutigt durch diesen Erfolg, begann er unmittelbar neben dem zuletzt gefundenen Grab zu schürfen, obgleich die Stelle nicht durch Platten bezeichnet war. Die abweichende Farbe des Bodens hatte Schliemann stutzig gemacht. Der Flecken war dunkler als seine Umgebung.

Als die Ausgräber fünf Meter tief gegraben hatten, fanden sie Tonscherben, und einen Meter tiefer Mauerwerk, das wie der Rand eines Brunnens aussah. Es war ein Altar. Schliemann nahm die Maße, fertigte eine Zeichnung an, ließ den Altar abbrechen und grub weiter.

Endlich, in acht Meter Tiefe, fanden sich die Skelette von fünf Menschen. Wie bei den drei anderen Gräbern waren sie auf eine Kieselsteinschicht gebettet, drei mit dem Kopf nach Osten und zwei nach Norden. Die fünf Toten waren mit Gold und Edelsteinen übersät. Drei von ihnen trugen goldene Masken. Neben einem der Toten lag ein zermalmter goldener Gegenstand, den Schliemann zunächst für einen Helm hielt. Bei näherer Untersuchung entpuppte er sich als ein Löwenhaupt. Außerdem befanden sich im Grab zwei goldene Brustpanzer, eine hohe Goldkrone mit Blättern, die so lose an der Krone befestigt sind, daß sie sich bei jeder Bewegung regen; elf Becher aus massivem Gold, Goldgürtel, goldene Spangen und Nadeln; mehr als fünfhundert goldene Teller, vierhundert Goldstücke und Doppeläxte aus Gold; zehn goldene Platten, ein Stierkopf mit Goldhörnern und ein goldener Tintenfisch.

Am wertvollsten für Schliemann war ein goldener Becher mit Henkeln, auf dem Tauben sitzen. Homer hat einen solchen Becher, das goldene Trinkgefäß des greisen Königs Nestor aus Pylos, in der Ilias genau beschrieben: »Mit Buckeln beschlagen und mit goldenen Tauben verziert.«

Das fünfte Grab entdeckte Schliemann einige Schritte nordwestlich vom vierten. Im Gegensatz zu den bisher gefundenen Gräbern war es nicht ausgemauert. Es barg nur einen Toten. Um sein Haupt war ein breites goldenes Diadem gelegt, an seine linke Seite ein goldener Becher. Gemessen am Reichtum der anderen Gräber wirkte dieses Grab ärmlich.

Nun kehrte Schliemann zum ersten Grab zurück. Bei anhaltend schönem Wetter war der Schlamm getrocknet.

Der goldene »Nestorbecher« aus Mykenä

Mit größter Sorgfalt drang Schliemann bis auf den Grund vor. Dort fand er drei Tote. Der mittlere war nahezu ohne Schmuck. Offensichtlich hatte ein Grabräuber einen engen Schacht ausgehoben, war auf den Toten gestoßen und hatte ihm das Wertvollste geraubt: Goldmaske, Goldpanzer und goldene Waffen. Bei der eiligen Flucht waren kleinere Gegenstände, wie Goldknöpfe und Goldscheiben, ins Grab zurückgefallen; oder der Räuber hatte sie in seiner Angst, entdeckt zu werden, gar nicht erst aufgelesen.

Die beiden anderen Toten starrten von Gold. Achtzig hauchdünne Schwerter mit goldenen Griffen waren ihnen mitgegeben, auch goldene Becher. Sie trugen Goldmasken und goldene Brustpanzer. Eine der beiden Goldmasken übertraf alles bisher Entdeckte. Dieses goldene Antlitz blickte Schliemann streng und gelassen zugleich an. Die Augen wirkten weit offen – bei geschlossenen Lidern. Schliemann war so ergriffen, daß er die Maske an seine Lippen hob und sie küßte.

Dann sah er mit Bestürzung, daß sich das Gesicht, das von der Maske bedeckt gewesen war, erhalten hatte. Schliemann blickte einem König von Mykenä in das Antlitz.

Goldmaske des »Agamemnon« aus Mykenä

Und für ihn gab es keinen Zweifel, daß es Agamemnon war, den zu finden er sich vorgenommen hatte.

Nun war es geglückt – in letzter Stunde: wie das Wunder von Troja. Schliemann war in Sorge, daß das Haupt zerfallen könnte. Er holte telegrafisch Hilfe herbei. Der Tote wurde einbalsamiert. Ein Maler hielt den Kopf auf einem Bilde fest. Dann wurde mit unsäglicher Mühe die Steinplatte, auf die der Tote gebettet war, aus dem gewachsenen Fels gemeißelt und gesägt.

An den griechischen König sandte Schliemann ein Telegramm, in dem es hieß: »Mit größter Freude gebe ich Eurer Majestät bekannt, daß ich die Gräber entdeckt habe, in denen nach alter Überlieferung Agamemnon, Kassandra, Eurymedon und all ihre Gefährten liegen, die während des Mahles von Klytämnestra und ihrem Geliebten Ägist getötet wurden. Ich habe dem Agamemnon ins Antlitz geblickt.«

Der Rächer Agamemnons

Die Nachricht von der Auffindung der Königsgräber ging rasch um die Welt. Die Gelehrten horchten auf. Tausende kamen nach Mykenä, um die Gräber zu sehen, aus denen Schliemann Schätze gehoben hatte, die den trojanischen Fund an Wert übertrafen. Sie kamen, um Agamemnon zu sehen – und den seltsamen Mann, der sein eigenes Gold dazu verwendete, das Gold von Troja und Mykenä zu suchen.

Schliemann war nun selbst zu einer sagenhaften Gestalt geworden: der Habenichts, der es zum Millionär gebracht hatte und zum Forscher mit einem Ausgräberglück ohnegleichen.

In Mykenä hatte er zu Beginn der Ausgrabungen auf einem Berg, auf dem Platz genug für eine ganze Stadt war, ein Quadrat von vierzig mal vierzig Metern abgesteckt und genau in diesem Quadrat die fünf Gräber entdeckt, von denen Pausanias berichtet. Und nicht nur goldene Kronen und Becher und Schwerter hatte Schliemann in den Gräbern gefunden, sondern auch siebzehn Tote, von denen fünf wie Gottkönige ein goldenes Antlitz getragen hatten. Damit war endgültig der Beweis für Schliemanns Überzeugung erbracht: Was Homer in der Ilias und Odyssee erzählt hatte, war wirklich geschehen.

Agamemnon hatte gelebt. Nach dem Fall von Troja hatte Hephaistos wirklich das Siegesfeuer auf dem Berg Ida entzündet, und auf der Insel Lemnos, dem Berg Athos, dem Messagergebirge – auf allen Höhen, auf denen seit zehn Jahren Posten aufgestellt waren, hatten flammende Holzstöße das Signal von Insel zu Insel, von Gipfel zu Gipfel weitergegeben: Troja ist gefallen, der Krieg ist zu Ende, die Helden kehren heim. Die letzte Feuersäule war neben dem Wachkastell hoch über Mykenä in den Himmel gewachsen, und Ägist und Klytämnestra hatten in den Himmel gestarrt und gesehen, daß er über ihnen rot war wie Blut.

Auch Schliemann hatte Wachtfeuer in Mykenä entzünden lassen, Nacht für Nacht, seit er auf die Gräber gestoßen war. Auch er hatte Posten aufgestellt. Kein Unbefugter sollte in den Kreis eindringen, der durch die beiden Reihen mannshoher Platten bezeichnet war.

Wochenlang hatte Schliemann bis tief in die Nächte hinein die Funde gesichtet, bis alles nach Athen gebracht und in Sicherheit war: Kronen und Edelsteine, Masken, Dolche, Becher und kostbares Gerät. Er hielt sich streng an den Vertrag, der vor Jahresfrist zwischen ihm und den Griechen geschlossen worden war. Ohne Zögern trennte er sich von sämtlichen Stücken, die er aus den Gräbern von Mykenä geholt hatte.

Ihm blieb genug, das ihm keiner streitig machen konnte. Nach unsäglichen Opfern und Mühen war ihm das Glück zuteil geworden, von dem er seit seinem zehnten Lebensjahr geträumt hatte: Troja und Agamemnon mit eigenen Augen zu schauen.

In der Nacht, bevor er nach Athen ging, wachte er am Feuer, das unmittelbar über dem Gräberrund brannte. Er hatte alle seine Helfer weggeschickt, auch Sophia, die sich in Mykenä in die ungeheure Arbeit mit ihm geteilt hatte. Nun schlief sie. Er wollte allein sein mit denen, die seine Ausgrabungen wieder zum Leben erweckt hatten.

Lange blickte er in die Glut. Sie war rot wie Purpur. Purpurdecken hatte Klytämnestra über den Weg breiten lassen, der vom Löwentor zur Königshalle hinaufführte. Agamemnon, der Sieger über Troja, war unbesorgt über den Teppich geschritten. Das Volk von Mykenä hatte dem Fürsten zugejubelt. Bis in die tiefe Nacht hatten die heimgekehrten Helden gezecht, gefeiert von denen, die zu Hause geblieben waren. Burg und Stadt waren vom Lärm der Übermütigen wach gehalten worden. Im Morgengrauen aber, als die meisten trunken in schwerer Betäubung lagen, hatten Todesschreie die Mauern erschüttert. In seinem eigenen Hause, das sich in einen Hinterhalt verwandelt hatte, waren Agamemnon und seine Getreuen, Kassandra und ihre beiden Kinder wie Vieh von Schlächtern erschlagen worden.

In der Glut sah Schliemann das Antlitz Agamemnons: die goldene Maske, die einem Gott zu Gesicht stand. Unfaßbar, daß ein Herrscher von solcher Hoheit meuchlings ermordet werden konnte – von der Frau, die ihm drei Kinder geboren hatte!

Schliemann hob den Blick und sah sich von Schatten umstellt. Viel Unheil war innerhalb dieser Mauern und des Löwentores geschehen. Von allem Anfang an hatten hier Götter und Menschen den Boden für Gewalt und Treubruch bereitet. An eine Kette schauerlicher Verbrechen war das Geschlecht, das von Atreus stammte, gelegt. Brüder hatten an Brüdern Verrat geübt, Frauen an Männern, Könige an Kindern. Die Sonne hatte entsetzt in ihrem Lauf eingehalten, als Atreus, der Vater Agamemnons, dem eigenen Bruder das Fleisch seiner Kinder an der Tafel vorsetzen ließ. Thyestes war mit einem Fluch auf den Lippen entflohen, und sein Sohn Ägist hatte die grauenvolle Tat an Agamemnon, dem Sohn des Kindermörders, gerächt, als er und Klytämnestra den Heimgekehrten erschlugen.

Ein neuer Schatten trat aus dem Dunkel ans Feuer.

»Wer bist du?«

»Ich bin Orest.«

»Du hast den Ägist erschlagen.«

»Und meine Mutter.«

»Du tatest, was dir das Orakel befohlen hatte.«

Der Schatten wich nicht. Als stünde er noch einmal vor Gericht, verteidigte sich Orest: »Ich war ein Kind, als mein Vater meine Schwester Iphigenie opferte und in den Krieg zog. Heimlich brachte mich Elektra aus dem Hause, weil sie fürchten mußte, Ägist könnte mich töten. In der Fremde wuchs ich auf, und Pylades, der Sohn eines Königs, der nicht mit nach Troja gezogen war, wurde mein Freund. Als Fremder kam ich nach Mykenä zurück, nachdem meine Mutter meinen Vater ermordet hatte, und nicht einmal meine Schwester Elektra erkannte mich, als ich sie an der Stelle traf, an der sie den Völkerfürsten Agamemnon eingescharrt hatten. Meine Schwester Elektra gab mir das Schwert, mit dem ich meine Mutter erschlagen sollte, und ich tat es, weil es für einen Achäer das erste aller Gebote ist, den erschlagenen Vater zu rächen. Dennoch fielen die Rachegeister über mich her und trieben mich, der nun König von Mykenä war, von Ort zu Ort. Die Welt wurde für mich zur Hölle. Ich war ein Muttermörder und hatte doch nur getan, was mir Apoll, der Gott, durch sein Orakel aufgetragen hatte. Dem Wahnsinn nahe, ging ich noch einmal nach Delphi, um das Orakel zu befragen. Und da sprach die Stimme des Gottes: ›Geh hin nach Kolchis und hole die Schwester zurück! Dann bist du entsühnt.‹ Ich wußte, daß zu Kolchis ein Bild der Artemis, der Schwester des Apoll, in einem Tempel stand. Dieses Bild wollte ich holen, und Pylades ging mit mir. Da geschah das Wunder: Ich traf Iphigenie, die ich tot geglaubt hatte. Sie war von Artemis vom Opferaltar nach Kolchis entrückt worden, und so brachte ich statt der Schwester des Gottes die eigene Schwester heim. Und Apoll hatte dies gewollt und hielt sein Wort: Er gab vor Gericht seine Stimme für mich ab. Die Rachegeister mußten von mir ablassen, der Fluch wurde vom Geschlecht des Atreus genommen, und ich, der letzte König von Mykenä, war der erste, der in dieser Burg in Frieden regieren durfte.«

Der Schatten schwieg. Schliemann fuhr aus seinem Traum auf und sah, daß das Feuer niedergebrannt war. Er begann zu frieren. Deutlich konnte er die fünf dunklen Graböffnungen sehen, aus denen er so viel Erstaunliches geholt hatte, das dort seit über drei Jahrtausenden verborgen gewesen war. Er stand auf und ging durch das Löwentor. Es wurde Zeit, nach Athen zu fahren. Sein Werk in Mykenä war getan.

Die Welt der Achäer

In Athen schrieb Schliemann ein Buch über seine Ausgrabungen in Mykenä. Er füllte über zweihundert Seiten mit der Schilderung der Fundgegenstände. Das Buch wurde auch ein Denkmal für Sophia. Sie hatte fünfundzwanzig Tage auf ihren Knien gelegen, um hauchdünne Schwerter und Kronen, kostbare Gefäße und Geräte so behutsam aus der Erde zu schaben, daß nichts verletzt wurde. Mehr noch als in Troja hatte sie sich als ebenbürtige Helferin erwiesen, die nicht nur mit Umsicht ausgrub, sondern einige Male das Scheitern der Ausgrabungen durch kluges Verhandeln verhinderte. Sie hatte es sogar auf sich genommen, einen beleidigenden Brief, den sie im Auftrag ihres Mannes dem griechischen Kultusminister übergeben sollte, an einer Kerzenflamme verkohlen zu lassen und den Minister mit diplomatischen Worten, die sie im Gespräch fand, davon zu überzeugen, daß niemand außer Schliemann das große Werk in Mykenä erfolgreich zu Ende bringen könne. Schliemann ist als Ausgräber nie mehr nach Mykenä zurückgekehrt. Er hatte dort fünf Gräber entdeckt; von fünf Gräbern hatte Pausanias berichtet – also war es für ihn ausgemacht, daß keine weiteren Gräber in Mykenä zu finden seien. Außer den fünf Gräbern hatte Schliemann alles freigelegt, was bei Pausanias erwähnt ist: die Schatzhäuser und das Löwentor mit seiner ungefügen Torwächterkammer. Schliemann war zur Quelle Perseia, die Burg und Oberstadt mit Wasser versorgt hatte, hinabgestiegen; er hatte den Geheimgang unter der Erde, durch den es möglich war, in Belagerungszeiten unter den Füßen der Feinde Wasser wegzuholen, bewundert. Die Königshalle, in der Agamemnon den Tod gefunden hatte, die Reste von Mauern und Treppen – alles war nun genau vermessen. Schliemann schrieb an seinem Buch, überzeugt, daß ihm nichts Wichtiges entgangen sei.

An einem Januartag sandte er seinen Assistenten Drosi-

Mykenä, Nordwestecke des Palastes. Rekonstruktion nach Wace

nos nach Mykenä. Drosinos sollte einen sorgfältigen Plan des Gräberrunds anfertigen. Beim Zeichnen fielen dem Assistenten einige roh behauene Steine auf, die den Deckplatten der fünf von Schliemann gefundenen Gräber auf das Haar glichen. Drosinos teilte Stamatakes, der Schliemann während der Ausgrabungen so argwöhnisch beobachtet hatte und dem nun Mykenä anvertraut war, seine Beobachtung mit.

Ein Arbeiter wurde geholt. Unter den Augen von Stamatakes und Drosinos begann er zu graben. Bald kam ein goldener Becher zum Vorschein, und nach einer halben Stunde waren es schon vier Goldbecher. Goldener Schmuck und Siegelringe von großer Schönheit wurden gefunden – doch keine Toten.

Ein Siegelring ist besonders bemerkenswert. Auf ihm ist eine Göttin unter einem Baum dargestellt; Priesterinnen bringen ihr Blumen. In den Lüften erscheint ein Kind mit Schwert und Doppelschild und einem Zug geheimnisvoller Zeichen. Sonne und Mond stehen am Himmel – es ist Mittag und Nacht zugleich.

Als Schliemann das Siegel sah, dachte er sofort an die Stelle der Ilias, an der Homer den Schild beschreibt, den Hephaistos für Achill anfertigte, einen Schild aus fünf Schichten, deren oberste »die Erde, den Himmel, das Meer, die unermüdliche Sonne, den Mond und die Sterne zeigte«. Schliemann war überzeugt, daß Homer das seltsame Siegel gesehen habe, das der Widersacher Stamatakes aus einem sechsten mykenischen Grab geholt hatte.

Goldener Siegelring aus Mykenä. Siegelhöhe 24 Millimeter

Es war nicht das letzte Grab, das in Mykenä gefunden wurde. Fünfundsiebzig Jahre nach Schliemanns großem Fund deckte der griechische Archäologe Papadimitriu einen zweiten Plattenring mit Schachtgräbern auf – hundertdreißig Meter südwestlich vom Löwentor, also außerhalb der Mauer.

Auch in diesen Gräbern lagen mykenische Fürsten und Fürstinnen mit einem erstaunlichen Reichtum an Schmuck und Waffen bestattet. Vor Papadimitriu hatten schon der Grieche Tsuntas und der Engländer Wace mit bedeutenden Ergebnissen in Mykenä gegraben, geschulte Archäologen, die Schliemanns Tat fortsetzten und, auf die Erfahrungen anderer Ausgräber gestützt, manchen begreiflichen Irrtum berichtigen konnten.

So hatte Schliemann geglaubt, die Toten in den Königsgräbern seien auf Scheiterhaufen gebettet gewesen – nur weil Homer berichtet, daß die gefallenen Achäer vor Troja verbrannt wurden. Tsuntas wies nach, daß in keinem mykenischen Grab je ein Feuer entzündet worden war. Schliemann hatte in den Gräbern Schieferplatten gefunden, die er für eine Verkleidung der Seitenwände angesehen hatte und »kupferne Kisten«, von denen er glaubte, sie hätten als Stützen unter den Häuptern der Toten gelegen. Dörpfeld, der junge Architekt, der bei der Ausgrabung von Olympia zum führenden Archäologen geworden war, stellte bei genauerer Untersuchung fest, daß diese »Kupferkisten« mit Holz gefüllt und an einer Stelle offen gewesen waren. Sie hatten als Beschläge von Balkenenden gedient, und zwar jener Balken, die über den Schachtgräbern eingesetzt waren, um eine Decke aus Schieferplatten zu tragen. Die Schachtgräber waren also Grüfte gewesen, die für mehrere Beisetzungen geöffnet werden konnten. Erst viel später hat man sie zugeschüttet und mit dem zweifachen Plattenring umzogen.

Nach Zerstörung der Stadt, dreißig Jahrhunderte dem Wind und dem Regen preisgegeben, waren sie unter einer Schicht von Geröll und Erde verschwunden. Die Schutthalde hatte die Gräber vor Plünderern bewahrt.

Schliemann versuchte nach seinem großen Triumph in Mykenä sein Ausgräberglück an zwei anderen mykenischen Plätzen: in Orchomenos und Tiryns. Orchomenos heißt bei Homer »das Goldreiche« – wie Mykenä.

Schliemann fand in Orchomenos kein Gold. Er entdeckte ein »Schatzhaus«, das wie die »Schatzhäuser« von Mykenä unter der Erde als Kuppelbau angelegt war. Schliemann wußte nun, daß diese unterirdischen »steinernen Bienenkörbe«, zu denen tiefeingeschnittene Gänge mit mächtigen Mauern führten, nicht Verstecke für Reichtümer, sondern Burgen für die Toten waren. Das Kuppelgrab von Orchomenos war erbrochen, zum Teil zerstört und wie die Kuppelgräber von Mykenä kahlgeplündert. Von Burg und Stadt Orchomenos fanden sich nur spärliche Reste. Um so ergiebiger waren die Grabungen in

Tiryns, die Schliemann 1884 und 1885 zusammen mit Dörpfeld durchführte.

Ein Beispiel kann zeigen, wie unvoreingenommen und kühn Dörpfeld bei seiner Arbeit verfuhr.

Schliemann hatte bei Homer von Palästen und Tempeln gelesen. Also suchte er sowohl in Troja als auch in mykenischen Burgen nach Tempeln. Und als er in Tiryns einen Raum fand, dessen Fußboden von einer gewaltigen Steinplatte gebildet war, da glaubte er, daß er auf einen Altar gestoßen sei.

Dörpfeld sah genauer hin. Einige Anzeichen sprachen dafür, daß die riesige Kalksteinplatte den Boden eines Wasserspeichers gebildet hatte. Doch dann entdeckte Dörpfeld an den Plattenrändern Dübellöcher für Balken, und ihre Anordnung verriet dem Architekten, daß es an

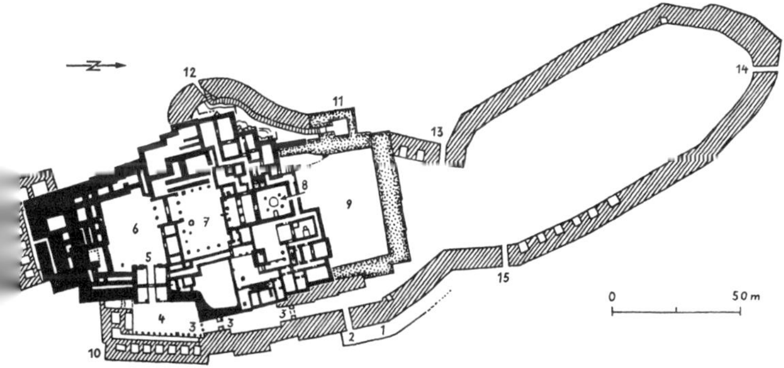

Plan der Burg von Tiryns, die etwa 20 km südlich von Mykenä liegt. Schwarz: eigentlicher Palast – Oberburg. Punktiert: Mittelburg mit Westbastion und Pforte. Schraffiert: Unterburg und Kasematten. 1: Rampe, 2: äußeres östliches Haupttor, 3: drei weitere Tore, teils Holztore, 4: Vorhof, 5: äußere Vorhalle, 6: äußerer Palasthof, 7: Innenhof des Palastes, 8: Megaron (Herrenhaus), 9: Mittelburg, 10: Süd- und Ostkasematten, 11: Turm der Westbastion, 12: Westpforte, 13, 14, 15: West-, Nord- und Ostpforte der Unterburg

einer Seite eine Tür gegeben haben müsse. Eine Tür ist bei einer Zisterne undenkbar. Eine weitere Entdeckung löste das Rätsel. Dörpfeld fand Wasserrinnen und ein Abflußrohr. Nun war alles klar: Nicht ein Altarraum war das gewesen, sondern ein Bad. Die endgültige Bestätigung ließ nicht lange auf sich warten. Die weiteren Grabungen brachten auch Reste der Badewanne zutage. Sie war aus gebranntem Ton und innen mit Malereien geschmückt. Der Baderaum gehörte zu den Wohnräumen des Fürsten, die in unmittelbarer Nähe der Königshalle erbaut waren.

Später gruben in Tiryns die deutschen Archäologen Karo und Müller mit beachtlichem Erfolg. Ganz Griechenland wurde nach Überresten mykenischer Burgen durchforscht. Schwedische Ausgräber fanden in der Burg von Dendra-Midea in Felskammern und einem Kuppelgrab wunderbaren Goldschmuck, Gefäße, ein Straußenei in Gold und Silber gefaßt und einen Eisenring, der offenbar für wertvoller gegolten hatte als die vielen Goldringe. Da zu jener Zeit in ganz Griechenland Eisen unbekannt war, mußte der Ring einen weiten Weg zurückgelegt haben – wie das Eisenplättchen, das Howard Carter auf der Brust des achtzehnjährigen Pharao Tut-anch-Amun inmitten unzähliger goldener Gegenstände gefunden hatte.

Die Forscher ruhten nicht, bis auch der Königssitz des greisen Nestor entdeckt war, das »sandige Pylos«. Es ist nicht auf Fels erbaut wie Mykenä oder Tiryns, sondern auf einem sanften, reichbewachsenen Hang, der auf eine Bucht hinabsieht, in der Schiffe vor Stürmen sicher sind.

Amerikanische Ausgräber unter Leitung von Carl W. Blegen haben die Reste des Nestorpalastes so meisterhaft ausgegraben, daß es für den Betrachter nicht schwer ist, die Anlage zu überschauen, in Gedanken zu ergänzen und mit Gestalten zu bevölkern. Die Amerikaner gruben mit unerhörtem Glück. Ihr erster Spatenstich schnitt das Archiv der Burg an. Hunderte von beschriebenen Tontäfelchen wurden in zwei Räumen entdeckt, in die kein Plünderer eingedrungen war. In anderen Räumen fanden sich große Mengen unbenutzten Geschirrs.

Labyrinth-Zeichen auf einem Tontäfelchen aus Pylos

In allen mykenischen Burgen hatten sich vor allem Waffen gefunden: Schilde, Speerspitzen, Dolche und Schwerter – Waffen in Gold gefaßt und mit großer Sorgfalt geschmiedet, als seien Waffen Schlüssel zum Leben und nicht zum Tode. Schliemann und die Ausgräber, die seiner Spur folgten, hatten mit ihren Entdeckungen den Zugang zu einer Welt von Kriegern geöffnet.

Manchem Achäerfürsten waren zwölf Schwerter ins Grab mitgegeben. Fünf Schwerter waren die Regel. Dazu kamen Beile, Wurfspieße, Helme und Turmschilde, groß wie ein Mann. In diesen Schilden waren Haken angebracht, damit Schwerter und andere Waffen aufgehängt werden konnten. So dienten die Schilde zugleich als bewegliche Waffenschränke; und da die Krieger, die sie ins Feld führten, auch noch Panzer und Beinschienen trugen, kamen nur Männer mit Riesenkräften dafür in Betracht.

Die Achäer waren in das Handwerk des Krieges, das ihnen Beute und Ruhm einbrachte, vernarrt. Das verraten ihre Schwerter und Dolche: Sie funkeln von Achat und Bergkristall, Elfenbein, Glas und Fayence. Auf den Klingen wurden Kämpfe mit Löwen in wunderbaren Gold- und Silbereinlagen dargestellt. An einem Schwertknauf sind vier Löwenhäupter so angeordnet, daß sie eine Blume mit vier Blütenblättern ergeben. Erst bei genauem Hinsehen zeigen sie ihr wahres Gesicht. Löwenhelme sind in mykenischen Gräbern nicht selten. Löwen empfangen den Besucher am Burgtor von Mykenä: hochaufgerichtet, um ihre Macht und Herrlichkeit zu betonen.

Es waren Löwennaturen, die in Griechenland zu einer Zeit, in der dort noch Löwen gejagt wurden, die ersten Burgen erbauten. Sie nahmen dazu Blöcke, die nur von Riesen bewegt werden können. Viele Blöcke sind über drei Meter lang. Die Mauern haben eine Stärke bis zu siebzehn Metern, und sie ragen stellenweise zehn Meter empor. Fast dreitausend Meter lang sind die Mauern der Fluchtburg von Gla.

Mit Ausnahme des Nestorpalastes wurden die Burgen auf beherrschenden Höhen errichtet. Als Kriegerhorste stehen sie bedrohlich auf Felsen. Jeder Vorteil, den die Natur anbot, wurde von den Erbauern genutzt. Im günstigsten Winkel des »rossenährenden Argos«, in einem Hinterhalt, von dem aus sich die Ebene überblicken und das Straßennetz beherrschen läßt, ist die Burg von Mykenä versteckt. Das Löwentor ist so angelegt, daß es gegen Angreifer von drei Seiten gedeckt werden konnte. Außerdem sind zwei Ausfallpforten in der Mauer versteckt. Die eine schützte den verdeckten Zugang zur Quelle.

Jede Achäerburg hatte ihre geheimen Brunnen. Auf der Akropolis von Athen führt noch heute eine verborgene Treppe in kühnen Windungen durch einen Felsspalt zu einer unterirdischen Quelle. Die Achäer verstanden es, Bäche und Flüsse in Kanäle umzuleiten, trockene Landstriche zu bewässern und Sümpfe zu Äckern und gutem Weideland zu machen.

Ihre Burgen wurden noch Jahrhunderte später, als sie längst zu Ruinen geworden waren, von den Griechen in Ehren gehalten. Das Volk von Athen verweigerte dem Perikles die Erlaubnis, die »Pelasgische Mauer« niederzureißen, und so blieb wegen der Überreste der mykenischen Burg der Bau der Propyläen an der Südecke unvollendet. Die Erinnerung an die Macht und Größe der Achäer war noch zu lebendig. Unter diesen abenteuerlustigen Fürsten und Kriegern hatten Flotten aus griechi-

Achäerin aus Tiryns, restauriertes Fresko. Figur fast lebensgroß

schen Häfen zum erstenmal entlegene Küsten angesteuert und Kriege entschieden. Sie hatten sich mit Göttern im Zweikampf gemessen, und Agamemnon, der Völkerfürst, hatte ein Zepter in Händen gehalten, das von Zeus selber stammte.

Wir wissen heute mehr über die Achäer als die Griechen zur Zeit des Perikles. Allein die Entdeckungen Schliemanns würden ausreichen, uns über ihr Leben ins Bild zu setzen. In Tiryns, der Burg mit den gewaltigsten Zyklopenmauern auf griechischem Boden, fanden Schliemann und Dörpfeld zahllose Bruchstücke von Fresken, die einmal die Wände der Burgräume geschmückt hatten. Zu-

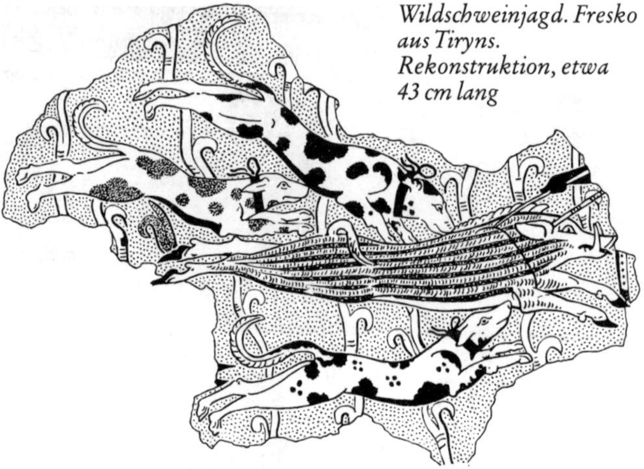

Wildschweinjagd. Fresko aus Tiryns. Rekonstruktion, etwa 43 cm lang

sammengesetzt ergeben die Stuckbrocken Szenen mit Männern und Frauen, Pferden und Wagen, mit Hunden und Wild.

Es geht gefährlich zu: Panther und Löwen und verwundete Eber werden gestellt, auch von Frauen. Jagdhunde zerren an Leinen, rote Sandalen leuchten auf, ein Keiler verstrickt sich in ein Netz und wird mit Spießen durchbohrt. Ein Schecke und ein Schimmel fliegen vor einem zweirädrigen Karren dahin, von einer Frau gelenkt. Rosse werden gebändigt, eine Burg wird berannt, Verwundete stürzen von den Mauern. Von tausend Einzelheiten, die Ausgräber zutage brachten, läßt sich ablesen, wie die Achäer lebten. Ihre Behausungen sahen von außen abweisend aus. Innen waren sie mit Teppichen, Vorhängen, schönen Möbeln, kostbaren Lagern mit ineinandergeflochtenen Lederriemen ausgestattet, die von Kriegszügen und Seefahrten heimgebracht wurden. Auch die Kleider konnten sich sehen lassen, denn aufs Weben verstanden sich die Frauen von Ithaka und Mykenä. Im Sommer trug man kurze Mäntel aus leichten Stoffen, im Winter lange Umhänge und Handschuhe aus Pelz.

Gegessen wurde vor allem Fleisch: von Hammeln, Ziegen und Schweinen, auch Rindfleisch, Wild und Geflügel. Fisch war nicht allzu begehrt. Doch schätzte man Austern. Wein wurde mit Bienenhonig gesüßt. In Gärten wurden Apfel-, Birn-, Oliven- und Feigenbäume gezogen, auf Feldern Linsen und Bohnen, Erbsen, Hirse, Gerste und Weizen angebaut. Hauskatzen gab es nicht, dafür aber Hunde auf allen Höfen. Wenn die Männer nicht auf See oder im Kriege waren, unterhielten sie sich mit Feldbestellung und Jagd.

Ein Segel zu setzen und eine Furche zu ziehen verstand auch der Fürst, wie Odysseus nicht ohne Stolz von sich behauptet:

»Könnten, Eurymachos, doch wir beide beim Mähen im Frühjahr,
Wenn die Tage ins Wachsen geraten, uns so um die Wette
Abrackern, jeder von uns mit schön gebogener Sichel,
Bis in den tiefen Abend – wir legten Gras hin in Mengen!
Gäbe man mir ein Feld von vier Morgen in Schollen zu legen,
Solltest du sehen, wie grad ich die Furchen mit dem Pflug zöge!«

In der mykenischen Welt hatte jeder seinen festen Platz: Könige, Bauern, Seefahrer und Sauhirten, Töpfer und Schmiede, Musikanten und Bettler. Aber der Sklave konnte zum Vertrauten seines Herrn werden, jeder Freie konnte auf Schiffen ausziehen, um sein Glück zu machen – oder im Kampf mit Seeräubern seine Freiheit einzubüßen.

Eumaios, der treue Schweinehirt des Odysseus, war als Sohn eines Königs von Syria geboren worden. Dieser König hatte eine junge phönizische Sklavin. Als ein Phönizerschiff aus Sidon in Syria anlegte, überredete ein Seemann das Mädchen, das seine Sprache verstand, mit ihm zu entfliehen. Und das Mädchen entführte des Königs unmündigen Sohn Eumaios, während das Schiff mit Rindern, Häuten, Metallen und Wein beladen wurde und der Seemann die Königin mit einer Bernsteinkette ablenkte. Eumaios wurde an Laertes verkauft, in Ithaka aufgezogen und zum Aufseher über die Schweine bestellt.

In der ganzen Ägäis und an all ihren Küsten vollbrachten die Achäer Taten, durch die sie zu Ruhm und Reichtum gelangten. Vor allem war es Gold der Pharaonen, das in mykenische Totenmasken, Brustpanzer, Gefäße und Schwertgriffe verwandelt wurde. In jener Zeit hatten die Pharaonen ein Weltreich zu verteidigen. Da nahmen sie Krieger vom Schlage eines Achill gern in ihren Dienst. Gold vom Nil wurde zum Sold für Achäer. Aus Ägypten brachten sie auch die Kampfwagen mit, die dort von den Hyksos, kriegerischen Völkern aus Asien, eingeführt worden waren. Und wie die Pharaonen sich in Pyramiden und Felsgräbern ewige Residenzen anlegten, so taten es die Achäer in Kuppelbauten tief in der Erde. Auch sie wollten nach ihrem Tode so weiterleben, wie sie es gewohnt waren in ihren Burgen, die sie dem Lande als steinerne Kronen aufgesetzt hatten.

Durch seine Ausgrabungen war Schliemann mit den Achäern tiefer vertraut geworden als jeder andere. Vieles aber blieb für ihn, den Bahnbrecher, ein Rätsel.

Inzwischen sind acht Jahrzehnte vergangen. Bedeutende Archäologen haben auf den Grabungsfeldern weitergearbeitet, die Schliemann als erster betreten hatte. Und so kann auf vieles heute eine sichere Antwort gegeben werden; auch auf die Frage: Woher kamen die Fürsten und Krieger, die Mykenä, Tiryns, Orchomenos und Pylos erbauten und die dann schließlich auszogen, Troja zu zerstören?

Die Zerstörer von Troja

Von den Zeiten Homers bis zu Alexander, der nach Indien zog, waren für die Griechen die Achäer »die ersten Griechen«; undenkbar für sie, daß jemals ein anderes Volk auf griechischem Boden gelebt haben könnte. Seit jeher, so glaubten sie, sei in Griechenland Griechisch gesprochen worden, auch von den Göttern, von denen die Könige und Helden der Achäer stammten, weshalb Götter und Helden miteinander reden und gemeinsame Kämpfe und Abenteuer bestehen konnten. Zeus und Athene, Hera und Artemis, Apoll und Poseidon gehörten so selbstverständlich zur griechischen Welt wie Herakles und Odysseus. Das stand für die alten Griechen so fest wie der Olymp.

Da kamen die Archäologen und Sprachforscher unserer Tage, und sie gruben nicht nur versunkene Städte und verschüttete Gräber aus, sondern untersuchten alles, was Licht in das Dunkel der Vorzeit bringen konnte. Sie gaben sich nur dann zufrieden, wenn sie an die Wurzeln gekommen waren.

Und da stellte sich heraus, daß eine Reihe griechischer Götter, zum Beispiel Athene und Hera und Artemis, keine griechischen Namen hatten. Athen und Korinth und viele andere griechische Städtenamen waren nicht griechisch, ebenso wie viele Bezeichnungen für Pflanzen und Tiere und Gebrauchsgegenstände.

Kastanon (Kastanie), Kerasos (Kirsche), Kyparissos (Zypresse), Porphyra (Purpurschnecke), Kithara (Zither) und zahlreiche andere Worte, die wir von den Griechen in unsere Sprache übernommen haben, entpuppten sich als Fremdlinge im Griechischen. Sogar »das griechischste aller Worte«, Thalassa, das Wort für Meer, hatte barbarischen Ursprung, das heißt, es war zuerst von Nichtgriechen gesprochen worden, die es nach Griechenland gebracht hatten.

Aber woher waren all diese fremden Worte gekommen?

Die Sprachforscher gingen der Spur nach. Sie führte über die griechischen Inseln zu den Küsten Kleinasiens, an denen auch Troja lag. Auf dem ganzen Wege stießen die Forscher auf Orte, deren Namen wie Korinth oder Kyparissos auf -inth oder -issos endeten. Offenbar hatten Einwandererscharen aus Kleinasien auf den Inseln und dem griechischen Festland Orte und sogar blühende Provinzen gegründet. Wie die Funde zeigen, waren das Leute, die »etwas vom Handwerk verstanden«, die schöne Geräte, kostbaren Schmuck, hübsche Kleider und Möbel und Häuser besaßen, die Gärten und Äcker anlegten und Handel trieben, für die das Meer nichts Schreckliches war, da sie auf seetüchtigen Schiffen kamen; also Völkerstämme von erstaunlich hoher Kultur.

Lange, ehe es griechisch sprechende Menschen in Griechenland gab, waren diese Ostleute auf dem Peloponnes, in Attika und Arkadien heimisch geworden, das wissen wir heute sicher. In Tiryns und vielen anderen griechischen Orten wurden in jüngster Zeit Reste von zyklopischen Rundbauten entdeckt, weit älter als die mykenischen Burgen. Sie sind nach Vorbildern erbaut, die in Kleinasien stehen.

In ganz Griechenland ließen die frühen Einwanderer aus dem Osten sich nieder, und in manchem Landstrich gab es zu ihrer Zeit mehr Menschen als heute. Allein in Thessalien kamen aus Schutthügeln von beträchtlicher Größe, sogenannten Magulen, die Fundamente von über hundertfünfzig Siedlungen zum Vorschein, die alle lange vor der Zeit der Achäer angelegt worden waren, ohne Mauern, obgleich sie vielfach Stadtgröße hatten. Das läßt auf friedliche Bewohner schließen, die sich von Ackerbau und Viehzucht, Fischerei und Jagd ernährten.

Im vierten und dritten Jahrtausend v. Chr. gab es in Griechenland ausgedehnte Wälder und viel guten Ackerboden. Wo die Einwanderer blieben, ließ es sich leben.

Ihre Anführer gingen in die griechischen Sagen ein. So ist es nicht verwunderlich, wenn die ältesten griechischen

Könige, sogar die Gründer von Athen und Theben, barbarische Namen haben; »barbarisch« bedeutet hier ganz einfach »nichtgriechisch«. Der große altgriechische Geschichtsschreiber Thukydides berichtet in seinem Buch über den Peloponnesischen Krieg eine aufschlußreiche Geschichte. Im Jahre 426 v. Chr. wurde die Insel Delos, die dem Apoll geweiht war, von Gräbern aus frühen Zeiten gereinigt. Thukydides war dabei, als das geschah. Er beobachtete genau und machte eine wichtige Entdeckung. Ihm waren fremde Bräuche vertraut, und so fiel ihm auf, daß die Toten, die seit Jahrhunderten in den Gräbern von Delos lagen, in der gleichen Weise bestattet waren wie die Toten der Karer, eines Volkes in Kleinasien. Thukydides zog daraus den richtigen Schluß: Die frühesten Bewohner von Delos mußten übers Meer aus dem Osten gekommen sein – wie die frühesten Bewohner ganz Griechenlands.

Woher aber kamen nun die Achäer, diese »Urgriechen«?

Auch sie, das zeigen die Bodenfunde, fielen nicht als ein Eroberervolk in Griechenland ein, obgleich sie Krieger waren, sondern kamen wie die Ostleute in größeren oder kleineren Gruppen – über lange Zeiträume hin, etwa seit der Wende vom dritten zum zweiten Jahrtausend. Von Norden, sagen die Forscher, aus den Ländern, die um die Donau liegen, zogen sie nach Süden; und da sie gute Waffen hatten, einigten sich die bereits Ansässigen mit ihnen und teilten Äcker und Wälder, auch wenn sie inzwischen behaupteten, sie seien schon »vor der Geburt des Mondes« im Lande gewesen.

Die Achäer wußten nichts von Schiffen. Sie kamen mit Pferden. Sie brachten das Griechische mit – das ist durch die beschriebenen Tontäfelchen, die in Pylos, Mykenä und anderen achäischen Orten gefunden wurden, erwiesen. Ihre Sprache wurde im Laufe der weiteren Jahrhunderte auch von den Ostleuten übernommen.

Daß die Achäer aus dem Norden kamen, bestätigten

Streitwagen von einem Gefäß aus Mykenä

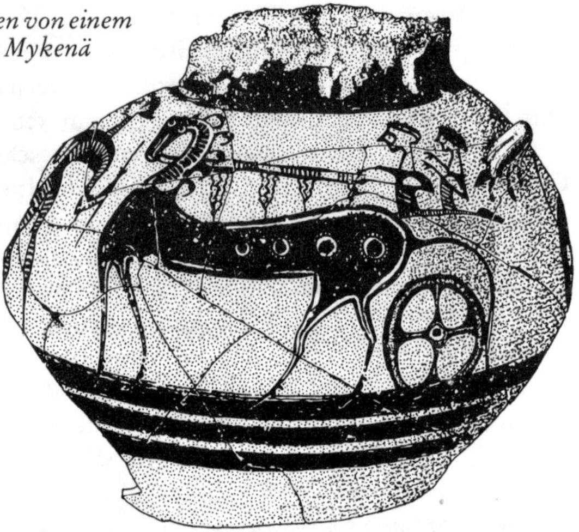

auch die Goldmasken von Mykenä; sie haben weder asiatische noch afrikanische Züge. Als Nordleute weisen sie sich vor allem durch ihre Burgen aus, deren wichtigster Bau die Königshalle ist, das Megaron. Aus ihm ging der griechische Tempel hervor, der uns so südlich anmutet. Die ursprüngliche Form, die Schliemann in Mykenä und Tiryns, die Blegen in Pylos fand, verleugnet nicht, daß sie aus kühleren Breiten mitgebracht wurde.

Die Mitte der Königshalle ist der mächtige runde Herd. Um ihn versammelten sich die Männer, um zu feiern, Heldenlieder zu hören und sich zu beraten. Sie saßen »drinnen am Feuer« wie die Wikinger und Goten, nicht draußen im Freien, wie Südländer es gewohnt sind. Der Herd, dessen Glut das Dunkel langer Abende erhellte, war den Achäern heilig. Wer an ihm Zuflucht suchte, war unverletzlich. Die Königshalle war von Feuerschein und Rauch erfüllt. Ein Ruchloser, das war ein Mann, der weder Haus noch Herd besaß und nicht von Rauch gebeizt war, einer, der sich umhertrieb; etwas Schlimmeres war für einen Achäer kaum denkbar.

Die Achäer waren harte Leute, begabt und begierig zu lernen. In vielem zeigten die Ostleute sich ihnen zunächst überlegen. Sie stellten die feineren Gefäße her, sie waren bessere Goldschmiede und Tischler. Aber die Nordleute holten bald auf. Manches war für sie vollkommen neu und schwer zu verstehen. Als sie weit genug nach Süden vorgedrungen waren, kamen sie an eine glänzende ebene Fläche, die bis an den Himmel reichte. So etwas hatten sie noch nie erblickt. Das Meer war ihnen unbekannt. Sie schöpften Wasser mit der Hand, kosteten von ihm und spien es aus, weil es widerwärtig schmeckte. Was ist das? fragten sie die Küstenbewohner. Thalassa, antworteten ihnen die Fischer, die da wohnten, und weil die Achäer kein Wort für Salzwasser in ihrer Sprache hatten, nahmen sie es auf, und es wurde für sie ein ungewöhnlich wichtiges Wort.

Denn das Licht, das über den Küsten und dem Meer lag, war von großem Zauber. Es verführte die Nordleute, die einen so beträchtlichen Weg mit Pferden gekommen waren, weiterzuziehen. Mit Pferden von Fleisch und Blut, mit Nüstern und Hufen war das unmöglich. Da bauten die Achäer hölzerne Pferde, sie bauten Schiffe. Und auch darin waren wie in vielem andern die Ostleute ihre Lehrmeister. Die Achaer stellten sie auch auf dem Meere bald in den Schatten; denn sie wurden zu den kühnsten Seefahrern in der Ägäis.

Um 2000 v. Chr. waren sie ins Land gekommen. Um 1600 bauten sie, zu Herren geworden, ihre Zyklopenburgen. Dann gingen sie daran, sich das Meer zu erobern. Und ihr Gott Poseidon, der ursprünglich ein Pferdegott war, verwandelte sich in einen Gott der Schiffe und Wellen. Aus einem Gott, der die Erde von den Hufen unsichtbarer Rosse erbeben läßt, wurde ein Gott, der seinen Dreizack ins Meer stößt, um es aufzurühren, der Blitze schleudert und Quellen entspringen läßt. Die Rosse, die er nun ritt, hatten statt der Mähnen Schaumkronen. Das Meer wurde sein Herrschaftsbereich.

Aber er blieb ein Gott der Achäer, ein griechischer Gott. Eine alte Göttersage erzählt, daß Athene, die Göttin mit dem asiatischen Namen, mit Poseidon, dem Gott der Nordleute, um den Besitz von Athen gekämpft habe. Athene siegte über den Gott der Pferde, doch erlaubte sie ihm großmütig, neben ihr auf der Akropolis zu Athen seinen Sitz zu nehmen.

In die Sprache der Geschichtsschreiber übersetzt, heißt das: Ursprünglich waren die Ostleute Herren in Griechenland. Dann kamen die Nordleute. Und beide richteten sich nebeneinander ein. Die Mythe der frühen Zeit erzählt, wie es anfangs war. Später wurden die Achäer unbestritten zu Herren, und die Ostleute gingen so vollkommen in den Nordleuten auf, daß Poseidon großmütig Athene neben sich auf der Akropolis zu Athen dulden konnte.

Es gibt eine andere uralte Poseidon-Sage, und sie erzählt vom Untergang Trojas.

Poseidon, so heißt es da, hatte für Laomedon, den Sohn des Königs Tros, einen großen Teil der Mauern von Troja erbaut. Laomedon betrog Poseidon um den versprochenen Lohn. Der Gott war gekränkt und sann auf Rache. Und als der Trojanerprinz Paris die schöne Helena entführt hatte und die Achäer aufbrachen, sie zurückzuholen und die Schmach zu tilgen, zog Poseidon mit ihnen und übernahm schließlich die entscheidende Rolle.

Nachdem die Achäer zehn Jahre lang vergebens die Burg des Priamos, des Laomedon-Enkels, berannt, Agamemnon und Achill sich entzweit und wieder versöhnt hatten, Patroklos, Hektor und Achill gefallen waren, kam für Poseidon endlich die Stunde: Er, der die Erde und das Meer erbeben läßt, der Inseln durch zornige Steinwürfe schafft und Küsten mit seinem Dreizack zertrümmert, erschien in mondheller Nacht in Pferdegestalt vor Troja. Und er erschütterte mit ungeheuerlichen Hufschlägen die Mauern, die er selbst gebaut hatte, so daß sie an einer Stelle einstürzten. Und so entschied *er* den furchtbaren Krieg:

denn durch die Lücke in der Mauer konnten die Achäer in die Stadt eindringen, die Zerstörung vollenden, die Trojaner erschlagen und Helena zurückholen.

Nach dieser Erzählung, die um ein halbes Jahrtausend älter ist als die Ilias Homers, hat also Poseidon, der Erd- und Meererschütterer, den Untergang von Troja bewirkt. Was sagen dazu die Forscher, die in Troja gegraben haben?

Marinatos, einer der bedeutendsten Archäologen Griechenlands, sichtete vor einigen Jahren die bisherigen Ausgrabungsergebnisse und kam zu einem erstaunlichen Ergebnis. Die Ausgräber hatten im Hügel von Hissarlik neun Schichten festgestellt. Wenn man von weniger wichtigen Umbauten absieht, so lassen sich neun Städte unterscheiden, eine auf den Trümmern der andern erbaut.

Die verschiedenen Städte werden, von unten nach oben gezählt, als Troja I–IX bezeichnet.

Schliemann hatte, verführt durch den Goldfund, Troja II zum Troja Homers erklärt. Dörpfeld, der nach dem Tode Schliemanns die Grabungen fortsetzte, kam schließlich zur Einsicht, daß nicht in der zweiten, sondern

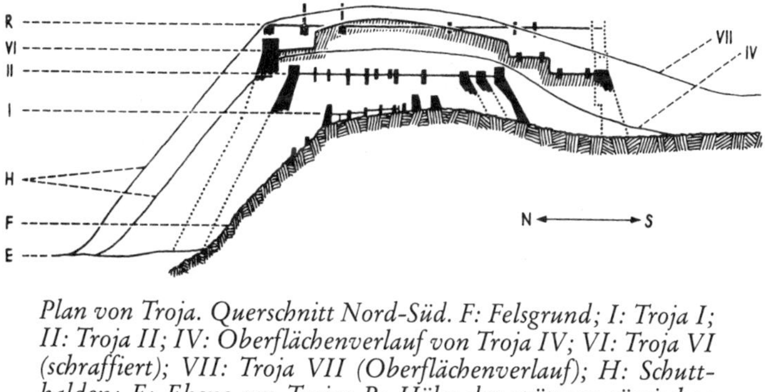

Plan von Troja. Querschnitt Nord-Süd. F: Felsgrund; I: Troja I; II: Troja II; IV: Oberflächenverlauf von Troja IV; VI: Troja VI (schraffiert); VII: Troja VII (Oberflächenverlauf); H: Schutthalden; E: Ebene um Troja; R: Höhe der späteren römischen Stadt, die auf dem oben »abgeschnittenen« Hügel errichtet wurde

in der sechsten Schicht das homerische Troja zu suchen sei. Denn die Mauern von Troja VI waren den Mauern der Burgen von Mykenä und Tiryns, von denen die Eroberer aufgebrochen waren, so ähnlich wie ein Bruder dem andern. Und Brandschutt fand sich in beiden Schichten, was da wie dort auf eine gewaltsame Zerstörung schließen läßt.

Da begannen – fünfzig Jahre nach Schliemann – Amerikaner unter Leitung von Blegen in Troja zu graben. Sie gruben sieben Jahre lang nach modernsten Methoden, und da sie eine Schar glänzend geschulter Archäologen waren, entging ihnen nichts. Am Ende ihrer Untersuchungen verkündeten sie, daß Troja VII, nicht Troja VI als das Troja Homers anzusehen sei. Troja VI nämlich sei durch Erdbebenstöße zerstört worden; dagegen habe Troja VII eindeutig in einem Krieg sein Ende gefunden, der etwa 1250 v. Chr. oder bald danach stattfand.

Neueste Forschungen bestätigen Blegen und seine Mitarbeiter. Troja VI ist durch ein Erdbeben gefallen, Troja VII durch Krieg. Die Amerikaner hatten richtig beobachtet. Aber – sie hatten den falschen Schluß aus den Ergebnissen ihrer Ausgrabungen gezogen. Denn der Krieg, in dem Troja VII den Untergang fand, so sagt Marinatos, kann nicht ein Krieg von Achäern gegen Trojaner gewesen sein. Troja VII wurde erst nach 1250 v. Chr. erbaut. Zu dieser Zeit waren die Achäer jedoch selber viel zu sehr mit der Abwehr mächtiger Eindringlinge aus dem Norden, der Dorer, in Atem gehalten. Und diese Dorer haben nicht nur mykenische Burgen bedroht, sondern auch Troja VII zerstört.

Um 1250 v. Chr. wurden die Befestigungen aller mykenischen Königssitze verstärkt. Fluchtburgen wurden angelegt, deren Mauern mehrere Kilometer lang waren. Zu jener Zeit war es für die Achäer unmöglich, zehn Jahre lang ihre Länder allein zu lassen, um eine Stadt in einem andern Erdteil zu belagern.

Ein halbes Jahrhundert früher aber hatten, wie Ausgrabungen der jüngsten Zeit zeigen, sogar die Weinhändler ihre Lager und Läden außerhalb der Burgmauer von Mykenä. So wenig waren noch um 1300 v. Chr. die achäischen Burgen durch Feinde von außen bedroht.

Um diese Zeit stand Troja VI. Und gegen dieses Troja zogen Agamemnon, Odysseus, Achill und all die andern homerischen Helden. Von einer Erstürmung Trojas durch sie ist weder in der Ilias noch in der Odyssee die Rede. Troja fiel schließlich, so heißt es bei Homer, weil ein Teil der Mauern um des hölzernen Pferdes willen niedergerissen wurde. Wie in der alten Mythe spielt bei Homer ein Pferd die entscheidende Rolle – nur schiebt der Dichter nicht einem Gott, sondern einem Menschen, dem listenreichen Odysseus, das Hauptverdienst am Sieg über Troja zu. Wie ist das zu verstehen?

Man muß bedenken, daß mehr als ein halbes Jahrtausend seit dem Untergang von Troja vergangen war, als Homer dem Bericht über dieses Ereignis die endgültige Form gab. In all den Jahrhunderten hatten Sänger den Trojanischen Krieg besungen. Jeder Sänger hatte das Gedicht aus dem Geist seiner Zeit neu geformt. Die Griechen, denen Homer seine Ilias vortrug, wußten nicht mehr aus Augenzeugenberichten, wie es wirklich geschehen war: daß nur ein Erdbeben das Eindringen in die Burg von Troja möglich gemacht hatte; daß die Griechen bereits an Abzug dachten, als ihnen der Erderschütterer zu Hilfe kam; daß sie über die zerstörte Stadt herfallen und ihr den Todesstoß versetzen konnten. Immerhin läßt Homer diesen Sachverhalt deutlich durchblicken. Aber er weiß, was er seinen Zuhörern schuldet: einen griechischen Helden, der auf göttlichen Rat mit einer Kriegslist die Stadt des Feindes zu Fall bringt. Und so wurde das Pferd Poseidons zum hölzernen Pferd des Odysseus.

Das ist erstaunlich, doch keineswegs erstaunlicher als etwa die Verwandlung der düster-gewaltigen Königshalle der Achäer in den griechischen Tempel, der von Licht durchweht ist und an dessen Giebel die Aufforderung steht: Erkenne dich selbst!

Im Falle von Troja mußte erst ein volles Jahrhundert gegraben und geforscht werden, ehe sich ein klares Bild vom Aufstieg und Untergang dieser berühmtesten aller Städte ergab.

Troja und seine Entdecker

Als Schliemann Troja bis auf den Felsgrund ausgegraben hatte, war er betroffen und schrieb: »Es tut mir ungemein leid, einen so kleinen Plan von Troja geben zu müssen, ja, ich hätte gewünscht, ihn tausendmal größer machen zu können. Aber die Wahrheit geht mir über alles.«

Schliemann konnte nicht wissen, daß Troja II, dessen Plan er gab, nur eine Vorstufe des homerischen Troja gewesen war, um die Mitte des dritten Jahrtausends auf den Trümmern des sehr viel älteren Troja I erbaut. Innerhalb der Mauern von Troja II war höchstens für zwei- bis dreitausend Menschen Platz. Aus rohen Feldsteinen, Holzbalken und Lehmziegeln war die Ringmauer errichtet – fünf bis zehn Meter mächtig und im Durchschnitt acht Meter hoch.

Die Halle im Herrenhaus hatte eine Decke aus Zypressenbalken und einen wuchtigen kreisrunden Herd in der Mitte. Die Trojaner lebten zu dieser Zeit in einfachen Häusern mit Holz- und Schilfdächern. Das deckte sich nicht ganz mit den Beschreibungen in der Ilias.

Allerdings waren die Herren der Burg keine Habenichtse. Ihnen gehörte ein Goldbergwerk in der Nähe, und sie trieben Handel. Prunkäxte, die Schliemann fand, deuten nach Südrußland. Dort wurden Äxte aus Nephrit und Lapislazuli gefunden, die in der gleichen Werkstatt hergestellt sein konnten. Bernsteinschmuck aus der

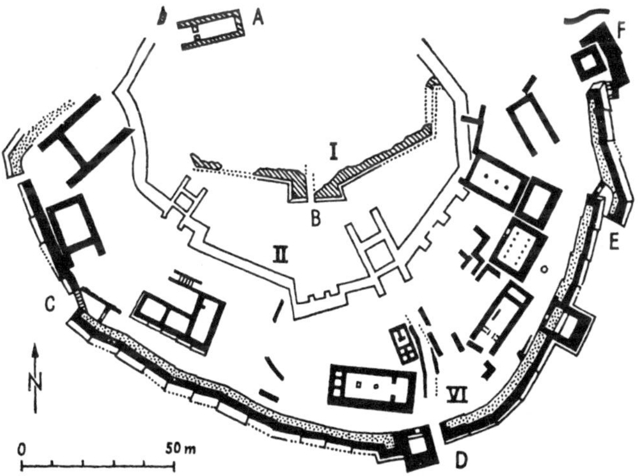

Plan von Troja I (schraffiert), Troja II (weiß) und Troja VI (schwarz)
A: Megaron, B: Südtor, C: Westtor, später zugemauert, D: Südtor, E: Osttor, F: Nordbastion mit Zisterne

Schicht von Troja VI läßt sogar auf Verbindungen bis zur Ostsee schließen.

Die trojanischen Goldschmiede kannten bereits um 2400 v. Chr. das schwierige Verfahren der Granulation. Dabei wird flüssiges Gold auf einen Goldgegenstand getropft, um ihn mit winzigen Perlen zu überziehen. Damit nicht der Gegenstand seine Form verliert, wird dem Gold, das zum Tropfen gebracht werden soll, Holzkohle beigemischt. Auf diese Weise wird der Schmelzgrad herabgesetzt. Die Goldtropfen verbinden sich mit dem Gegenstand, ohne seine Oberfläche zum Schmelzen zu bringen. Granulierte Gefäße und Schmuckstücke sind von besonderem Reiz. Wahrscheinlich haben die Trojaner diese Erfindung aus dem Lande Ur übernommen.

Auf den weiten Handelswegen zogen nach Troja auch Künstler und Handwerker. Schöne Kupfergefäße und

Bronzewaffen, Schnabelkannen und Vasen, die Gesichter haben, berichten davon.

In Troja II waren Straßen und Plätze gepflastert. Es gab Zisternen und Lagerhäuser. Die Fürsten von Troja waren von Anfang an keine Bauernkönige, sondern Händler und Seefahrer, die nicht davor zurückschreckten, gelegentlich fremde Schiffe um ihre Frachten zu erleichtern. Für ihre Burg hatten sie den denkbar günstigsten Platz ausgesucht. Hier kreuzten sich wichtige Straßen zu Wasser und zu Lande.

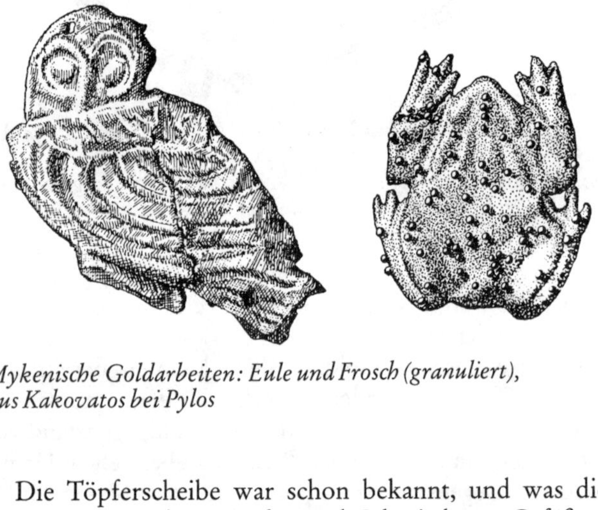

Mykenische Goldarbeiten: Eule und Frosch (granuliert), aus Kakovatos bei Pylos

Die Töpferscheibe war schon bekannt, und was die frühen trojanischen Töpfer und Schmiede an Gefäßen, Waffen und Schmuck hinterließen, erregt unser Staunen.

Die Zeugen, die Troja II brennen sahen, waren nicht die Achäer. Troja II wurde um 1900 v. Chr. von den Hethitern zerstört. Sie taten es gründlich. Die Brandschicht aus Asche, Schlacke und Schutt mißt über zwei Meter. Troja II wurde bis auf Reste der Umfassungsmauer eingeebnet. Unter einem Stück dieser Mauer fand Schliemann den »Schatz des Priamos«.

In den folgenden vier Jahrhunderten wurde Troja dreimal umgebaut. Troja III–V hatten keine nennenswerte Befestigung, nur kleine Tore und Türme. In diesen Schichten fanden sich auch keine Spuren einer gewaltsamen Zerstörung.

Die Häuser waren bescheiden. Der größte Raum, der entdeckt wurde, mißt sieben mal vier Meter. Für Reichtum gab es nur spärliche Anzeichen.

Knochen von Rehen und anderem Wild lassen darauf schließen, daß es zu jener Zeit um Troja ergiebige Jagdgründe gab. In der Ebene wurden Felder bestellt.

Aus einer beherrschenden Stadt am Schnittpunkt bedeutender Handelswege war ein Provinzort geworden.

Da kamen um 1500 v. Chr. aus Thrakien Krieger in hellen Scharen. Sie setzten über den Hellespont und nahmen den Hügel von Troja durch einen Handstreich in Besitz. Wie die Achäer, ihre entfernten Verwandten, kamen sie mit Pferden. Troja VI ist die früheste Schicht, in der auf dem Hügel von Hissarlik Pferdeknochen gefunden wurden.

Und gleich den achäischen Fürstensitzen Mykenä, Pylos, Athen und Ithaka bekam nun auch Troja eine befestigte Oberstadt, dreihundert Meter lang und zweihundertfünfzig Meter breit. In vier konzentrisch angeordneten Terrassen stieg die Burg auf. Wie in Tiryns oder Orchomenos wurde der Mauerring aus zyklopischen Blöcken erbaut. Troja VI erhielt drei mächtige Tore, mehrere Türme und eine geheime Pforte. Nichts fehlte hier, was zu einer mykenischen Burg gehört.

Die Brunnen wurden tief in den Urboden des Hügels getrieben. In den Herrenhäusern, aus gut zugerichteten Kalkquadern gebaut, gab es weite Räume mit Fußböden aus gebranntem Kalk. In den Speichern standen dickbäuchige Tonkrüge, fast zwei Meter hoch. In manchen von ihnen fanden die amerikanischen Ausgräber noch Weizen; auch Erbsen – in einem Gefäß allein vier Zentner. In der Schicht von Troja VI entdeckte Dörpfeld die in der Ilias beschriebene »breite Straße, die innerhalb der Mauern die Stadt umlief«. Auch eine andere Besonderheit der Anlage, die Homer ausdrücklich erwähnt, ließ sich einwandfrei feststellen: Nur die Ringmauer von Troja VI hatte jene auffallend schwächere Stelle, die nicht von dem Gott Poseidon, sondern von einem Sterblichen erbaut worden war.

Leider fiel dem Sucheifer Schliemanns, der sofort bis zum Felsgrund durchstoßen wollte, ein großer Teil der Überreste von Troja VI zum Opfer. Etwa ein Viertel der homerischen Stadt ließ Schliemann, ohne es zu ahnen, beim Anlegen seines Nord-Süd-Grabens forträumen.

Die Hügelteile, die er stehenließ, boten nach seinem Abzug einen chaotischen Anblick. Das bedrückte auch ihn, und er schrieb am 17. Juni 1873: »Infolge meiner früheren irrigen Idee, daß Troja auf dem Urboden zu suchen sei, ist leider 1871 und 1872 ein großer Teil der Stadt von mir zerstört worden, denn ich habe damals alle mir in den höheren Schuttschichten in den Weg kommenden Hauswände niedergebrochen. Sobald ich aber in diesem Jahr durch klare Beweise zur bestimmenden Überzeugung gelangt war, daß Troja nicht auf dem Urboden, sondern in sieben bis zehn Meter Tiefe zu suchen ist, habe ich in diesen Schuttschichten keine Hauswand mehr niedergelegt. Wertvolle Steine, wie die Platten des vom Skäischen Tor zur Ebene führenden Weges sowie die großen Steine der Ringmauer und des großen Turmes, sind nicht angerührt, und am Skäischen Tor fehlt nicht ein einziger Stein.«

Nur war eben das Tor, das Schliemann für das Skäische hielt, eins der Tore von Troja II und nicht ein Tor vom homerischen Troja. Dennoch konnte Schliemann mit Recht behaupten: »Die Wahrheit geht mir über alles, und ich freue mich, durch meine dreijährigen Ausgrabungen, wenn auch nur in verkleinertem Maßstab, das homerische Troja aufgedeckt und bewiesen zu haben, daß die Ilias auf wirklichen Tatsachen beruht.«

Dieses sein eigentliches Ziel, von dem er bereits als Zehnjähriger geträumt hatte, hatte er in einem Anlauf ohnegleichen erreicht. Mit Recht gilt er als der Entdecker von Troja, das mehr als drei Jahrtausende verschollen war.

Er war nicht der Mann, der sich Ruhe gönnte, solange es noch etwas zu klären gab. Nach zermürbenden Verhandlungen mit den Türken holte er sich vom gleichen Minister, der ihn als Betrüger gebrandmarkt hatte, einen neuen Firman, der ihm erlaubte, in Troja weiterzugraben.

Gladstone, der große Freund in England, hatte Schliemann mit Virchow, dem berühmten Anatomen und Anthropologen, zusammengebracht, und die beiden gingen zusammen nach Troja. Von Virchow beraten und auf die Erfahrungen der ersten Ausgrabung gestützt, grub Schliemann nun weit besonnener.

Sieben Schichten traten deutlich hervor. Der Hügel von Hissarlik ließ es nicht an Überraschungen fehlen. Trotzdem sahen Schliemann und Virchow noch weitere vierzehn Hügel in der Troas daraufhin an, ob sich in ihnen eine Stadt der Vorzeit versteckt halten könne.

Da im Jahre zuvor ein Bauernhof bei Hissarlik durch eine Räuberbande überfallen worden war, hielt sich Schliemann eine Leibwache von elf Riesen mit Feuersteinbüchsen. Je drei von ihnen trabten jeden Morgen hinter ihm her, wenn er vor Sonnenaufgang zum Baden ans Meer ritt, wofür sie einen Extrasold von sechzig Pfennigen pro Lauf bekamen.

Sieben Schichten! Schliemann gab sich noch nicht zufrieden. Im Mai 1881, nachdem Bismarck ihm eine neue Grabungserlaubnis erwirkt hatte, suchte er zu Pferde die Troas nach trojanischen Plätzen ab, bestieg das Idagebirge, »die Mutter der wilden Tiere«, blickte von einem Marmorblock, den er für den Thronsitz des Zeus hielt, auf einen Hügel nieder, der wie ein zerwühlter Ameisenhaufen aussah – und ging daran, in Troja weiterzugraben.

Seit 1882 war Dörpfeld an seiner Seite. Trotz des störrischen Artilleriekommandanten der benachbarten Festung und trotz des Aufpassers Bedder Effendi, der Dörpfeld nicht erlauben wollte, den Hügel von Hissarlik genau zu vermessen, trotz einer Heuschreckenplage und wilder Stürme wurde nun mit ausgezeichneten Karten die Grundlage für alle weiteren Forschungen in Troja geschaffen.

Der um viele Jahre jüngere Dörpfeld, den Arthur Evans »die größte Entdeckung Schliemanns« genannt hat, wurde immer mehr zu Schliemanns Lehrer. Seinem Einfluß ist es vor allem zu danken, daß sich der begeisterte Troja-Sucher zum Archäologen entwickelt hat, der besonnen grub und bereit war, Irrtümer einzusehen und zuzugeben.

1890 beugte sich Schliemann der von Dörpfeld errungenen Erkenntnis, daß Troja VI als das Troja Homers anzusehen sei, nicht Troja II, und daß daher das Gold von Troja nicht der Schatz des Priamos sein könne.

Dörpfeld hat später Schliemanns Werk auf dem Hügel von Hissarlik fortgesetzt: mit erstaunlichen Erfolgen. (Während des Ersten Weltkrieges wurde übrigens dieser Hügel von Granaten zerwühlt, die vom englischen Kriegsschiff »Agamemnon« abgefeuert wurden.)

Das letzte, was Schliemann für Troja tun konnte, war die Einberufung zweier Kongresse am Ausgrabungsort. Die Kosten der Kongresse trug Schliemann, der auch alle Mittel für die Ausgrabungen aufgebracht hatte. Der Ausgräber verteidigte sein Werk und seine Ansichten gegen die Bedenken der Gelehrten, die sich nicht von vertrauten Vorstellungen trennen wollten, und auch gegen die gehässigen Angriffe eines Schwätzers in Uniform.

Im Jahre des zweiten Kongresses unternahm Schliemann noch einige Reisen. Zu Weihnachten wollte er bei Frau und Kindern in seinem Haus in Athen sein. Ein schweres Ohrenleiden setzte ihm zu. Er nahm zu wenig Rücksicht auf seine angegriffene Gesundheit. Trotz einer Operationswunde setzte er sich in Halle in einen Zug nach Italien und merkte, in ein arabisches Buch vertieft, nicht, wie gefährlich es zog.

So hat er sein Haus, seine Kinder und Sophia, die Gefährtin seiner Ausgräber-Abenteuer, nicht wiedergesehen. Am Weihnachtstage brach er auf der Piazza de la Santa Caritá in Neapel zusammen.

Wegen seiner einfachen Kleidung hielt man ihn für mittellos. Als ein Arzt einen goldgefüllten Beutel auf seiner Brust fand, brachte man ihn in ein Hotel. Er war bei vollem Bewußtsein und sah die Fremden, die ihm helfen wollten, mit Augen an, die weit offen standen wie die Augen mykenischer Masken. Er war gelähmt. Und er, der achtzehn Sprachen beherrscht hatte, war nicht fähig, auch nur ein Wort zu sagen.

Einige Stunden später war Schliemann tot.

Einer der erstaunlichsten Menschen seiner Zeit ging mit ihm dahin. Sein Weg war beispiellos: Vom bettelarmen Jungen aus Ankershagen war er zum vielfachen Millionär aufgestiegen, um als reifer Mann mit Hilfe dieser Millionen eine Kolumbustat zu vollbringen.

Im Glauben an seinen Homer entdeckte dieser Außenseiter eine Kultur, die von den Fachgelehrten ins Reich der Fabel verwiesen worden war. Seit Schliemanns Ausgrabungen ist die Archäologie »um einen Kontinent« reicher.

Schliemann hatte sein Werk als Schatzsucher begonnen und war während der ungeheuren Arbeit zum Forscher geworden, dem die Wissenschaft erstaunliche Einblicke verdankt. Nichts hatte diesen Mann von der Durchführung seiner Pläne abbringen können. Als er in Korfu, dem Phäakenland, nach dem Platz suchte, an dem Nausikaa Odysseus gefunden hatte, sah er sich durch Wassergräben und einen weiten Sumpf von ihm getrennt. Schliemann zögerte nicht einen Augenblick, zog sich aus und watete trotz aller Hindernisse ans Ziel.

Bei Nacht setzte er über die Dardanellen, um einen Grabhügel, der in militärischem Sperrgebiet lag, untersuchen zu können. Als der Festungskommandant ihn schließlich entdeckte und vertreiben ließ, hatte der Ausgräber bereits so viel festgestellt, wie für ihn notwendig war.

Schliemann war ein rastlos Tätiger, er hatte für vieles Zeit. In Mykenä besichtigte der Kaiser von Brasilien die Ausgrabungen. Er gab dem Polizeikommandanten, der für seine Sicherheit verantwortlich war, vierzig Taler zur Verteilung an die Polizisten. Diese verdächtigten ihren Vorgesetzten, er habe tausend Taler erhalten. Der Kommandant wurde eingesperrt. Da griff Schliemann ein und bat den Kaiser, der inzwischen nach Ägypten weitergereist war, telegrafisch, »seinem Freund, dem Kommandanten, zu bestätigen, daß er vierzig und nicht tausend Taler bekommen habe«, was der Kaiser auch tat.

Hunderte solcher Geschichten gibt es in Schliemanns Leben. Die Sophia, um die der Erzbischof von Athen in Schliemanns Auftrag anhielt, war ein siebzehnjähriges Bauernmädchen. Wie im Märchen stellte Schliemann drei Fragen, von denen Sophia zwei sehr klug und die dritte ein wenig zu ehrlich beantwortete. Sie sagte dem Fremden, sie wolle ihn heiraten, weil die Eltern ihr erklärt hätten, einen so reichen Mann könne man unmöglich ausschlagen. Schliemann grollte ihr einige Tage – und nahm sie dann zur Frau.

Schliemann blieb dem Glück, das ihn verwöhnte, nichts schuldig. Er hatte einen titanischen Willen. Und wenn es darum ging, Widerstände niederzukämpfen, bewies er eine Kampfbesessenheit wie Achill. So gelang ihm fast alles, was er sich vornahm, selbst wenn sich die Welt gegen ihn verschworen hatte. Nur einmal spielte er sich selbst einen Streich, der ihn, den Ausgräber von Troja und Mykenä, um ein drittes Königreich brachte.

Am 1. Januar 1889 hatte er in einem Brief geschrieben: »Ich würde gerne meine Lebensarbeit mit einem großen Werk beschließen – der Freilegung des prähistorischen Palastes von Knossos auf Kreta.«

Im Frühling des gleichen Jahres war er zum zweiten Male nach Kreta gereist, um den Hügel Kephala, in dem seiner Ansicht nach der »Palast des Minos« versteckt lag, zu kaufen. Mit dem neuen Werk, dessen Größe er ahnte, wollte er auf eigenem Grund beginnen.

Schliemann war nun alt. Es war nicht leicht, mit ihm zu verhandeln. Seine Schwerhörigkeit machte ihn zunehmend mißtrauischer. Er war überzeugt, ein außergewöhnlicher Mensch zu sein, den alle Welt unterschätzte oder zumindest nicht genug bei seinen großen Vorhaben unterstützte. Zudem fühlte er sich von tückischer Krankheit bedroht. Allem möglichen legte er unheilvolle Bedeutung bei. Wenn Sophia von Krähen, Bohnenstangen oder Besuchern aus dem Ausland geträumt hatte, fühlte er sich beunruhigt. Am liebsten unterhielt er sich nicht mehr mit Menschen seiner Umgebung, sondern mit Homer, Achill oder Agamemnon. Die Forderungen des Bauern, dem der Hügel Kephala gehörte, nahm er unwillig zur Kenntnis. Hunderttausend Franken, eine unerhörte Summe, verlangte dieser Mann. Schliemann war bereit, vierzigtausend Franken zu zahlen. Der Kauf stand vor dem Abschluß, da verfiel Schliemann auf die Idee, die Ölbäume auf dem weitläufigen Gelände nachzuzählen. Zweitausendfünfhundert Bäume sollten es sein. Die Zählung ergab nur achthundertachtundachtzig. Schliemann erklärte, ein Mann, der ihn um eintausendsechshundertzwölf Ölbäume betrügen wollte, sei keines weiteren Wortes würdig. Zornig reiste er ab.

So konnte ein anderer, der über die nötigen Mittel verfügte, zum Ausgräber der wunderbaren Welt werden, die im Hügel Kephala verborgen war.

EVANS
UND DAS REICH DES MINOS

Der Siegelsteinsammler

Im Jahre 1882 erhielt Schliemann, der eben von seiner neunten Reise nach Troja zurückgekehrt war, in seinem Athener Haus den Besuch eines dreißigjährigen Engländers, dessen Vater ein bekannter Archäologe war. Der Engländer hieß Arthur Evans. Er war von seiner jungen Frau Margaret begleitet. Während Sophia sich mit Margaret unterhielt, zeigte Schliemann seinem Gast die archäologischen Schätze, die er in seinem Haus aufbewahrte. Er sprach begeistert von Troja, Mykenä und Homer, hingerissen von den Bildern, die er vor Augen hatte. Evans hörte aufmerksam zu. Schliemann führte ihn und seine Frau in das Museum, in dem die reichen Funde aus den Schachtgräbern von Mykenä ausgestellt waren: die goldenen Masken, die Prunkwaffen, die Goldgefäße.

Evans sah alles sehr genau an. Am meisten interessierte er sich für Gegenstände, die winzig waren, für feingeschnittene Siegelsteine und Goldsiegelringe.

Evans war kurzsichtig. Er mußte die Siegel nah an die Augen halten. Auf Handbreite aber sah er so scharf wie andere nur mit einer Lupe. Er betrachtete die Zeichen so lange, bis er sie auswendig wußte.

Siegel mit Steinbock, Jäger und Hund

Es war ein großer Augenblick im Leben des jungen Engländers. Er kannte bereits Siegel, auf denen Bäume, Menschen, Tiere und geheimnisvolle Dinge zu sehen waren, und er hatte sofort vermutet, es könnte sich um eine Bilderschrift handeln. Die Siegel aus den mykenischen Gräbern sprachen ihn so unmittelbar an, daß er sicher war, Schriftzeichen vor sich zu haben, deren Bedeutung seit langem vergessen war. Er nahm sich vor, alles daranzusetzen, sie zu entziffern.

Mit Schliemann sprach Evans nicht darüber. Dieser »magere, leichtgebaute, blasse Mann in dunklen Kleidern, der mit seiner fremdartigen Brille so tief in die Erde geblickt hatte«, war ihm ein wenig unheimlich.

Evans konnte Brillen nicht leiden. Die Überschwenglichkeit, mit der Schliemann von seinen Entdeckungen erzählte, war dem Engländer zuwider. Doch als er Schliemanns Haus verließ, fühlte er sich in der Absicht bestärkt, selber Ausgräber zu werden.

Evans war Schliemann schon einmal an einem entscheidenden Punkt seines Lebens begegnet. Zur Feier seiner Verlobung mit Margaret hatten die beiden im Februar 1878 die trojanischen Funde besichtigt, die Schliemann in London ausgestellt hatte. Nirgendwo war seine Entdekkertat so gefeiert worden wie in England, nachdem Gladstone, der gelehrte Premierminister, sich dazu bekannt hatte.

Arthur Evans war rund dreißig Jahre jünger als Schliemann. Als er geboren wurde, war Schliemann eben in Kalifornien – mitten in seinem Abenteuer mit Goldstaub. Anders als der Junge aus Ankershagen war Evans sorgfältig erzogen und ausgebildet worden. Sein Vater war sehr vermögend, ein Gelehrter, der sich mit Vorgeschichte und Geologie befaßte. Arthur spielte als Kind zwischen Kästen, in denen Werkzeuge aus der Steinzeit und andere Funde aufbewahrt waren. Seine Studierstube hatte der junge Evans in einem Turm, von dem er einen Blick in sieben Grafschaften werfen konnte. Er lernte leicht und holte sich Auszeichnungen in verschiedenen Fächern.

Kurzsichtig war er von Kind an. Doch bald entdeckte er, daß »er kleine Gegenstände sehr genau sehen konnte, wenn er sie nur nahe genug ans Auge hielt. Dann verschwamm alles andere in einem Nebel. Daher hatten die

Einzelheiten, die er ungestört durch das Drumherum wie durch ein Mikroskop sah, für ihn viel größere Bedeutung als für andere Menschen.« So berichtet seine Schwester Joan in ihrem Buch über Arthur Evans.

Evans liebte Bücher. Aber er war kein Stubenhocker. Er ritt und schwamm viel und durchstreifte schon sehr früh Länder, die ihn anzogen, besonders den Balkan. Er studierte mit Hingabe, doch Abenteuer lockten ihn mehr, und er schreckte auch nicht davor zurück, sein Leben aufs Spiel zu setzen, wenn er hoffen konnte, dadurch sein Ziel zu erreichen. Er war äußerst eigenwillig und suchte nach Wegen, die vor ihm noch keiner gegangen war. Da sein Vater als Sammler einen Namen hatte, wollte er auf keinen Fall Sammler werden, und es brachte ihn in große Verlegenheit, als ihm sein Vater steinerne Waffen und Werkzeuge schenkte.

Ragusa, das heutige Dubrovnik, wurde für ihn die Stadt, in der er leben wollte. Sein Herz schlug für die kleinen Völker, die zwischen den Großmächten wie zwischen Mahlsteinen sitzen. In Bosnien, der Herzegowina, fühlte er sich zu Hause. Doch auch Rumänien, Bulgarien, Schweden, Finnland und Lappland sah er sich genau an. Sobald er seine Studien in Oxford und Göttingen abgeschlossen hatte, reiste er wieder nach Bosnien, das um seine Freiheit kämpfte.

Während eines Aufstandes wurden er und sein Bruder Lewis als russische Spione verhaftet. Als sie mit heiler Haut davonkamen, blieb Arthur im Kampfgebiet, schrieb ein Buch über die heldenhaften Leiden der unterdrückten Balkanvölker und schickte es an Premierminister Gladstone, der eben damals für ein Buch Schliemanns das Vorwort geschrieben hatte. Gladstone zitierte im Parlament Evans' Beschreibungen türkischer Greueltaten. Evans sammelte Spenden für die Vertriebenen und ließ sich als Berichterstatter in derart gefährliche Unternehmungen ein, daß seine Familie ständig um ihn zu zittern hatte. Als Evans einmal unerwartet zu Hause auftauchte, stellte seine Schwester Joan fest, »Arthur habe einen leicht aufständischen Ausdruck in seinem Gesicht«.

Er durchschwamm eiskalte Flüsse, um sich mit Vorposten zu treffen, drang in Flüchtlingslager und sogar in Festungen ein, weil er sich von allem ein Bild aus eigener Anschauung machen wollte. Das rote Futter seines Mantels nach außen gekehrt, um möglichst orientalisch zu wirken, wagte er sich unter die Türken, die er in seinen Berichten mit schonungsloser Schärfe bekämpfte.

Sein Hauptquartier hatte er in Ragusa. Die österreichischen Behörden ließen ihn dort mehrmals verhaften. Er war nicht einzuschüchtern. Als ihn in den »Schwarzen Bergen« die Nachricht erreichte, der Historiker Freeman aus Oxford sei mit seiner Tochter Margaret in Ragusa, ritt er sieben Stunden ohne Unterbrechung und dann noch den ganzen folgenden Tag, um sie nicht zu versäumen.

Wegen seiner Kurzsichtigkeit, und weil er Brillen haßte, trug er stets einen Stock, den er Prodger nannte – Stocherer. Dieser »Stocherer« blieb sein Begleiter, als er nach England zurückging, ausgewiesen als ein Lästiger, der die Wahrheit sagte, auch dort, wo das für die Mächtigen unbequem war. Als 1881 ein neuer Aufstand gegen die Österreicher ausbrach, schlug Evans sich sofort ins Lager der Bosnier durch. Ein Abstecher nach Ragusa endete mit seiner Einlieferung ins Gefängnis. Er wurde als Verschwörer verurteilt und nach England abgeschoben.

Nun erinnerte er sich seiner Absicht, Ausgräber zu werden. In Oxford war ein Lehrstuhl für Archäologie eingerichtet worden. Evans bewarb sich – ohne Erfolg. Zwei Jahre später fand er dann eine Aufgabe, für die er glänzend geeignet war. Er wurde als Leiter an das Ashmolean-Museum in Oxford berufen. Dieses Amt sicherte ihm die Bewegungsfreiheit, ohne die er nicht leben konnte.

Evans liebte Kampf. In harten Auseinandersetzungen mit rückständigen Leuten, die Einfluß hatten, erzwang er die Mittel, durch die er aus einem ausgeplünderten, verstaubten Kasten ein Museum machen konnte, in dem es lohnte, sich gründlich umzusehen.

Daneben legte er ein keltisches Urnenfeld frei und unternahm mit seiner Frau weite Auslandsreisen. Sie fuhren nach Südrußland, nach Armenien, Bulgarien und Griechenland. Gemeinsam bestanden sie eine Menge von Abenteuern. Margaret führte Tagebuch – auch über die Wanzenjagden in verkommenen Unterkunftshäusern. Eine Verhaftung nahmen sie beide nicht allzu ernst.

Zum Museum, das Evans leitete, gehörte auch eine große Münzsammlung. Evans hatte für alte Münzen viel übrig. Da er kleinste Zeichen mit bloßem Auge lesen konnte, gelang es ihm, auf griechischen Münzen aus Sizilien die Namen der Künstler festzustellen, von denen die Entwürfe der Münzbilder stammten. Dadurch wurde eine Zeittafel möglich, und die Beziehungen verschiedener Griechenstädte zueinander begannen sich deutlicher abzuzeichnen.

Das Jahr 1893 wurde für Evans zum Schicksalsjahr. Er war auf einer Mittelmeerreise, auf der ihn seine Frau begleitete. In Alassio wurde sie plötzlich sehr krank. Sie litt unsagbar, an die Hände ihres Mannes geklammert. Innerhalb weniger Stunden war Margaret tot.

Im gleichen Jahre hatte Evans in Athen eine Begegnung, die den letzten Anstoß gab, daß er zum Ausgräber wurde. Elf Jahre zuvor war er im Hause Schliemanns und im Nationalmuseum von Athen in seiner Vermutung bestärkt worden, die Bilder und Zeichen auf den Siegelsteinen und Siegelringen könnten eine Schrift sein. Seitdem hatte er mit Leidenschaft Siegelsteine gesammelt.

Als ihm 1889 im Ashmolean-Museum solche Steine angeboten wurden, griff er sofort zu. Ein kleiner roter Halbedelstein, ein Karneol, erregte sein besonderes Interesse. Evans hielt den glattgeschliffenen Stein an sein rechtes Auge und erkannte eine Anzahl eingeschnittener winziger Zeichen: einen Wolfskopf mit hängender Zunge, einen Stern mit vier Zacken, ein Hirschgeweih, einen Arm mit Dolch, schräggestellte Kreuze zwischen zwei Linien, einen Widderkopf mit einem geraden und einem Spiralhorn und eine weitere Reihe rätselhafter Gebilde.

Vierseitiges Karneol-Siegel aus Kreta

Eine sehr frühe Schrift – das stand für Evans nun fest. Aber in welcher Sprache?

Evans vermutete, daß die Zeichen hethitisch sein könnten ... oder syrisch ... oder etruskisch. Der Sammler, von dem er den Siegelstein kaufte, gab als Fundort Sparta an. Evans war sicher, daß der Karneol dorthin erst gebracht worden war – aber von woher? Nirgendwo war ein Anhaltspunkt zu entdecken.

Da bot ihm vier Jahre später in der Schuhgasse von Athen ein Trödler, der mit Altertümern handelte, durchbohrte Siegelsteine an, auf denen ähnliche Zeichen waren wie auf dem Karneol. Und als Evans fragte, woher sie stammten, sagte der Händler ohne Zögern: »Von Kreta.«

Der Händler hatte das Schlüsselwort ausgesprochen. Von diesem Tag an war Evans auf der richtigen Spur.

Er besaß nun schon so viele Siegelsteine, daß er eine Liste von sechzig »kretischen« Schriftzeichen anlegen konnte. Als er sich an den Vorgeschichtsforscher Adolf Furtwängler wandte, erhielt er einen ganzen Satz von Siegelabdrücken mit kretischen Zeichen. Und Sayce, ein

Kenner vorderasiatischer Altertümer, zeigte Evans ein Doppelsiegel mit »Hieroglyphen aus Kreta«.

Evans fand Unterstützung bei vielen Gelehrten – aber er fand nichts, das ihn der Entzifferung auch nur um einen Schritt näherbringen konnte. Die rätselhaften Zeichen mußten ein sagenhaft hohes Alter haben; und die Sprache, die sich hinter ihnen verbarg, war offenbar schon seit Jahrtausenden verstummt. Bei der Suche nach möglichst frühen Hinweisen fand Evans einen bemerkenswerten Bericht aus dem Altertum. In ihm stand, ein Spartanerkönig habe bei der Aufdeckung eines alten Grabes in der Nähe von Theben eine Bronzetafel mit Schriftzeichen gefunden, die niemand lesen konnte. Der Spartaner sandte einen Abdruck dieser »Hieroglyphen« nach Ägypten, und der Pharao legte sie den Priestern zur Entzifferung vor. Doch auch sie konnten die geheimnisvolle Schrift nicht enträtseln. Das war wenig ermutigend für Evans.

Im März reiste er zum erstenmal nach Kreta. Zu Pferde durchstreifte er die Insel nach Ost und West und stieß auf Überreste von wenigstens zwanzig Städten aus sehr früher Zeit. Er erinnerte sich, daß Homer von »neunzig Städten des volkreichen Kreta, der Insel im weindunklen Meer«, gewußt hatte.

Evans fühlte sich glücklich im Sattel. Er ritt über eine der schönsten Inseln der Welt, durch freundliches Hügelland, fruchtbare Winkel mit Ölbäumen, Bananen und Palmen, Hochebenen mit Tausenden von Windmühlen, vorüber an unwirtlichen Küsten, tiefeingeschnittenen Schluchten und weißen Gipfeln. Evans ritt über Abhänge, rotviolett von Anemonen, über Felder, weiß von Narzissen und rosa von Wildtulpen, auf Wegen, deren Ränder von Mohn eingefaßt waren, dunkel wie Blut.

Vom Rücken eines Pferdes aus hat einer, der ein Land kennenlernen will, die beste Gelegenheit. Er ist von der Erde abgehoben, doch nicht zu weit wie etwa im Flugzeug. Er ist beweglich, doch nicht zu schnell wie etwa im Auto. Das Pferd ist dankbar für jede Rast, der Reiter kann leicht absitzen und den Boden untersuchen; und manchmal gibt schon der Hufschlag dem Ausgräber eine erste Auskunft.

Evans kaufte überall, wo es möglich war, Funde von Bauern und Hirten. In den nächsten Jahren setzte er seine Streifzüge fort. Vor allem erwarb er »Milchsteine«, die wegen ihrer Zauberkraft besonders von Frauen, die eben ein Kind geboren hatten, getragen wurden. Diese Milchsteine waren uralt und fast immer mit geheimnisvollen Zeichen bedeckt. Die jungen Mütter trennten sich nur selten von ihren Milchsteinen, doch hatten sie nichts dagegen, daß Evans Abdrücke von ihnen nahm. So verfügte er 1896, als politische Unruhen ihn zum Verlassen der Insel zwangen, über einen beträchtlichen Schatz an Siegelsteinen und Siegelabdrücken.

Er war mit Ausgräbern, die auf der Insel bereits große Funde gemacht hatten, bekannt geworden, besonders mit dem Italiener Federigo Halbherr, der als Reiter auf riesigem Rappen für die Inselleute eine legendäre Gestalt war. Evans hatte sich ein Recht auf den Hügel Kephala gesichert, von dem Schliemann 1890 grollend abgezogen war. 1895 kaufte Evans einen Teil des Hügels, nach weiteren fünf Jahren den Rest. Von seinem Vater hatte er sich das Vermögen, das ihm zugedacht war, vorzeitig erbeten.

Aus dem Hügel waren bereits Funde geholt worden, die eine Ausgrabung in großem Stil herausforderten. 1877 hatte ein spanischer Konsul fünf Probeschächte graben lassen und die Reste eines Baues von sechzig Meter Länge freigelegt – in beträchtlicher Tiefe. Andere Ausgräber hatten Keramikscherben gefunden, Reste von Fresken, einen Goldring und ein schönes Gefäß aus Steatit. Ein Amerikaner, Stillman, hatte alte Steinmetzzeichen entdeckt. Und der Kreter Minos Kalokairinos war auf ein Lager von riesigen Steinkrügen gestoßen.

Die Zeit war reif für die entscheidende Tat.

Im März 1900 überquerte Evans im furchtbarsten Sturm seit Menschengedenken das Kretische Meer. Nach jahrhundertelanger Besetzung durch die Türken war die Insel frei geworden. Ausgräber brauchten nicht mehr zu fürchten, daß Unterdrücker oder Freiheitskämpfer sie bei der Arbeit störten. Im »richtigen Augenblick« setzte der Mann aus Oxford auf Kephala, dem »Hügel der Herren«, den Spaten an.

Kretische Steatitsiegel

Der Siegelsteinsammler hoffte, im Hügel den Schlüssel für die geheimnisvollen Zeichen zu finden, von denen er nun ganz sicher wußte, daß sie kretischer Herkunft waren.

Evans dringt in das Labyrinth ein

Am 23. März begann Evans mit drei Männern vom Fach und dreißig Arbeitern in den Hügel Kephala einzudringen. Die Männer vom Fach waren David G. Hogarth, Duncan Mackenzie und Theodor Fyfe.

Hogarth, ein Archäologe mit reicher Ausgräbererfahrung, war elf Jahre jünger als Evans. Duncan Mackenzie hatte wie Hogarth kurz vor der Jahrhundertwende auf der vulkanischen Insel Melos gegraben. Evans betraute ihn mit der Führung der archäologischen Tagebücher. Und Theodor Fyfe, der Architekt, übernahm die Aufgaben, die Dörpfeld bei Schliemanns späteren Ausgrabungen in Troja und Tiryns zugefallen waren.

In manchem war es für Evans einfacher als für Schliemann.

Vom ersten Spatenstich an standen ihm hervorragende Helfer zur Seite. Vor allem waren seit Schliemanns erster Grabung in Troja an einigen Plätzen Methoden entwickelt worden, die eine Reihe von Fehlerquellen von vornherein ausschlossen. Die Ausgrabungen auf Samothrake, die seit 1873 von Österreichern durchgeführt worden waren, hatten Schule gemacht; und die Freilegung von Olympia unter Curtius und Dörpfeld konnte zum Vorbild genommen werden.

Auch auf Kreta waren bereits archäologische Taten vollbracht worden. Der kretische Forscher Hazzidakis war seit 1880 mit Erfolg als Ausgräber tätig. Federigo Halbherr und Fabricius hatten in Gortyn eine umfangreiche Inschrift in griechischer Sprache entdeckt, das in Steinblöcke gemeißelte Stadtrecht. Der achtundzwanzigjährige Fabricius gab 1885 bekannt, er habe die »Zeusgrotte« tausend Meter unter dem höchsten Gipfel des Gebirges gefunden, das den Namen Ida trägt – wie das Gebirge bei Troja.

Griechen, Italiener, Franzosen, Amerikaner, Engländer und Deutsche hatten vor 1900 mit wechselndem Ausgräberglück Homers »Insel der neunzig Städte« durchforscht. Gleichzeitig mit Evans gruben Halbherr und Pernier im Süden von Kreta weiter und konnten bald überraschende Ergebnisse melden.

Evans hoffte vor allem auf neue Schriftfunde. Wenn schon über die ganze Insel hin Siegelsteine verstreut waren, wie sich bei den verschiedenen Streifzügen gezeigt hatte, so konnten erst recht aus einem Residenzhügel derartige Funde zutage kommen. Denn von hier aus waren die Befehle der Herrscher ins Land gegangen.

Evans rechnete nicht mit raschen Funden. Er wollte nicht, wie Schliemann das getan hatte, sofort bis zum

Urboden durchstoßen. Mit äußerster Sorgfalt sollte Schicht um Schicht abgetragen werden. Es war vorauszusehen, daß dazu Jahre nötig waren, vermutlich Jahrzehnte.

Doch schon nach wenigen Tagen gab es die erste große Entdeckung. Es war nicht ein Goldschatz wie in Troja oder Mykenä; hier kamen Tausende von Gefäßscherben und bemalter Stuck zum Vorschein. In große Erregung versetzte die Ausgräber ein kleiner Tonziegel, der wie ein Meißel aussah und mit Schriftzeichen bedeckt war, die zum Teil wie Zahlen wirkten. Dieses Tontäfelchen konnte nur aus einem Archiv stammen, das stand für Evans sofort fest. Und tatsächlich stieß er bei den weiteren Ausgrabungen auf eine Stelle, an der Tontafel neben Tontafel lag, und sie alle waren beschrieben.

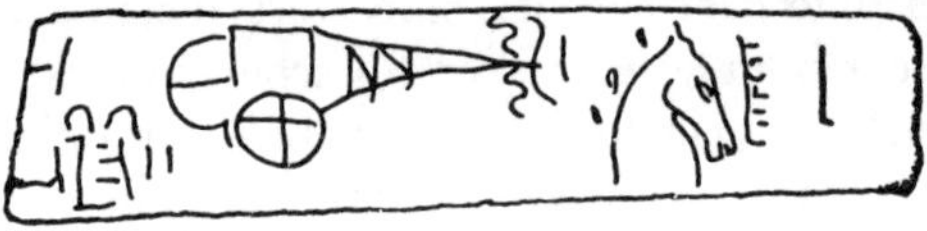

Tontäfelchen mit Schriftzeichen aus Knossos: Pferdekopf mit Rennwagen

Das Archiv von Knossos war nie geplündert worden – gebrannter Lehm war für Schatzgräber ohne Wert. Evans aber bedeuteten die beschriebenen kleinen Ziegel nicht weniger als Schliemann der Schatz des Priamos.

Bei den bemalten Stuckbrocken handelte es sich um Teile von Fresken. Oft waren sie nur handtellergroß. Die Farben hatten ihre Leuchtkraft nicht verloren. Vögel waren abgebildet, Blumen und Zweige.

Und dann, vierzehn Tage nach Beginn der Grabung, entdeckten die Ausgräber das erste Bild eines Kreters, der zur versunkenen Welt des Königs Minos gehörte. Aus zwei größeren Bruchstücken von Kalkputz ließ sich eine lebensgroße Gestalt zusammensetzen, ein schlanker

Mensch, der ein schlankes Gefäß trug. Schulter und Beine fehlten, alles andere war erhalten. Evans dachte zuerst, es sei das Bild einer Frau. Bald wurde klar, daß ein junger Mann dargestellt war, einer, der feierlich schreitet, von der Last nach hinten gebeugt. Er ist mit einem farbenprächtigen Schurz bekleidet, den ein Gürtel aus Gold und Silber zusammenhält. Am linken Oberarm trägt er zwei silberne Reifen und am Handgelenk einen Siegelstein, der mit Perlen verziert ist. Am Ohr hängt ein kleines Metallplättchen. Auffallend waren das ausgeprägte Profil, das mandelförmige Auge und das dunkle Lockenhaar. Die rötlichbraune Farbe, mit der Körper, Arme und Gesicht gemalt waren, machte Evans stutzig.

Und plötzlich wußte er, woher er dies Bronzerot kannte, auch die Haltung des Mannes. Er erinnerte sich der Wiedergabe von Bildern aus ägyptischen Bildern des Neuen Reiches, auf denen »Keftiu« zu sehen sind.

Keftiu – so wurden die Kreter im Ägypten der Pharaonen genannt. In ganzen Prozessionen von Gabenträgern sind sie auf Grabwänden in Oberägypten abgebildet. In Kurna wie in Knossos haben die Gestalten die gleiche Farbe, die gleiche Haltung und Gebärde. Evans war sicher: Dieser Mann mit dem hohen Gefäß war ein Keftiu, und Evans nannte ihn, da er ihn im Palast des Minos gefunden hatte, einen Minoer.

Eine Einzelgestalt? Oder hatte auch er zu einer ganzen Prozession gehört?

Ein winziger Farbfleck am Rande eines Bruchstücks, nur eine halbe Handbreit vom hohen, trichterförmigen Gefäß entfernt, gab Evans den Beweis in die Hand, daß sein Minoer zu einer Reihe von Trichterträgern gehörte. Der Farbfleck stellte ein kleines Stück des Oberarms vom Vordermann dar, einwandfrei zu erkennen am Rest eines Armreifs, der zum Glück erhalten war.

Bei den kretischen Arbeitern, die Zeugen der Auffindung des Minoers geworden waren, wurde von einem Wunder gemunkelt. Sie hielten die Gestalt für ein Heiligenbild. Das große Ereignis sprach sich rasch bei den Bewohnern der umliegenden Orte herum. Der Wächter, der die Nacht beim Bild zubringen mußte, behauptete am Morgen, er habe Gebrüll und ein Wiehern gehört. Der ganze Platz sei unheimlich lebendig geworden.

Tag um Tag tauchten weitere Mauerreste auf, weitere Korridore. Für Theodor Fyfe wurde es immer schwieriger, sich zurechtzufinden. Was da zum Vorschein kam, war ein unabsehbares Gewirr von Gängen und Räumen, ein Labyrinth.

Der erste Korridor, der freigelegt wurde, hatte zahlreiche Zugänge zu kleinen Kammern. In jeder Kammer hatte einmal ein mannshohes, dickleibiges Gefäß für Öl oder Getreide gestanden, ein Pithos. Ganz offenbar war einst ein großer Teil der Westhälfte des Hügels mit Speichern bedeckt gewesen, mit Wirtschafts- und Verwaltungsräumen, zu denen auch zwei Archive gehört hatten.

Im untersten Stockwerk entdeckte Evans gemauerte Kästen, in denen vermutlich Wertgegenstände aufbewahrt worden waren; denn hier fanden sich Reste dünner goldener Plättchen. Es wurde immer deutlicher, daß im Hügel die Trümmer eines Palastes von erstaunlichen Ausmaßen steckten. Zug um Zug ergab sich ein vorläufiges Bild.

Die Bauten hatten in Terrassen übereinandergestanden, mit vielen Treppen und breiten Fronten nach Osten und Süden. In der Osthälfte lagen die königlichen Gemächer und die Wohnungen für Hofstaat und Dienerschaft. Größere Räume waren mit kleineren zusammengebaut, sie lagen teils über-, teils nebeneinander. Das Ganze machte den Eindruck einer riesigen Wohnwabe, die nicht nach strengem Plan angelegt ist. Der gesamte vielstöckige Palast hatte eine Fläche von rund zwei Hektar bedeckt. Zwischen Ost- und Westflügel lag auf dem flachen Scheitel des »Herrenhügels« ein großer Hof, der fünfzig mal dreißig Meter maß.

An der Westseite dieses Hofes legte Evans acht Tage nach der Auffindung des ersten Minoers einen Raum frei,

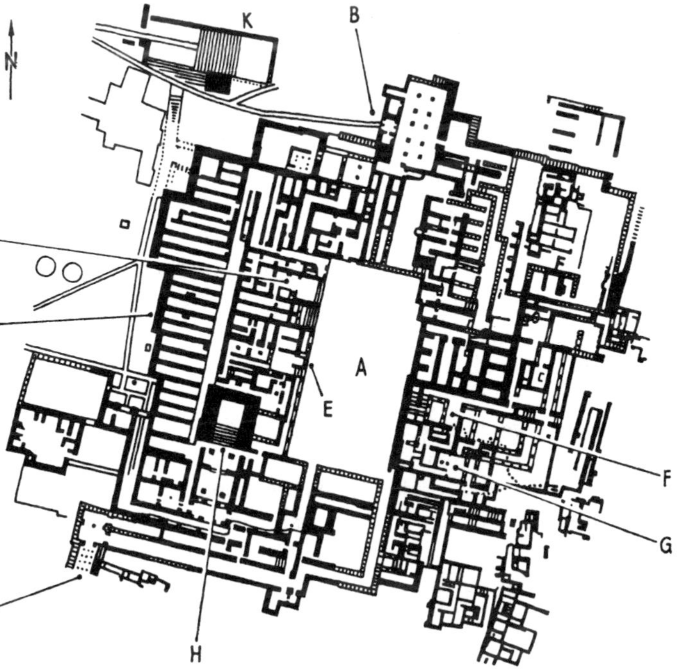

Grundriß des Palastes zu Knossos.
A: Großer Hof, B: Nordeingang mit Palastwache, C: Magazine, D: Thronsaal, E: kleines Heiligtum (siehe auch Zeichnung S. 173), F: Säulensaal und Aufgang zu den königlichen Gemächern, G: Gemächer der Königin, H: Große Treppe, I: Südwesteingang, K: sogenanntes Theater

in dem ein Thron stand. Der Raum war nicht groß: sechs mal vier Meter. An drei Seiten standen vor den Wänden steinerne Bänke. Der Thron befand sich in der Mitte der Nordwand. Auch er war aus Stein: ein würfelförmiger, kaum verzierter Sitz mit hoher Lehne, so streng, als sei er für einen höchsten Richter bereitgestellt oder für einen Gott. Diese Strenge wird noch betont durch die farbenfrohen verspielten Bilder, die einst die Wände des Thronsaales geschmückt haben. Aus Bruchstücken konnten hohe Lilien und ruhende Greife, die den Thron bewachen, zusammengesetzt werden.

Dem Thron gegenüber führten acht Stufen in einen kleinen Raum hinab. Dort waren im Boden runde Höhlungen, in denen sich Spuren von verkohlten Säulen aus Zypressenholz fanden. Da nach alter Überlieferung zu Minos' Zeiten der König auch höchster Priester war, ist es möglich, daß in der tiefer gelegenen Kammer der Herrscher heilige Handlungen vollzog. Der Raum wirkt wie eine Kapelle.

Die Auffindung des Thronsaales empfand Evans als eine erste Krönung seines Ausgräberwerks. Schon nach wenigen Wochen war etwas Unerhörtes geglückt: Die Mitte des Minoischen Reiches war entdeckt und der Zugang zu einer versunkenen Welt gefunden.

Von den Wissenschaftlern war Minos wie der Trojanische Krieg auf das Feld der Fabel verwiesen worden. Dabei gibt es sichere Angaben über Minos, die ehrwürdiges Alter haben. Thukydides schreibt: »Minos war der erste König einer Flotte, von dem wir wissen. Mit ihr beherrschte er die Meere, die wir jetzt die Griechischen nennen. Er war Herr auch über die Kykladen, die er zum größten Teil kolonisiert hat und auf denen er seine Söhne als Statthalter einsetzte. Um seine Einkünfte zu sichern, hat er das Meer, so gut er konnte, von Seeräubern gereinigt.«

Auch Hesiod, der frühe Dichter, wußte von Minos: »Von allen sterblichen Königen war keiner königlicher als er. Er herrschte über zahlreiche Stämme und hielt das Zepter des Zeus in seinen Händen. Über zahlreiche Städte erstreckte sich seine Herrschaft.« Homer nennt Knossos die vornehmste unter den neunzig Städten von Kreta. Sie ist »der Könige Stadt, in der Minos geherrscht hat, der neunjährig mit Zeus, dem großen Gott, sprach«.

Auch Platon erzählt in seinem letzten Buch, den »Gesetzen«, daß Zeus den ersten König auf Kreta in der Kunst des Regierens unterrichtet habe. Alle neun Jahre, schreibt Platon, traf sich Minos mit Zeus, um sich für sein Amt als König Rat vom Weltenherrscher zu holen.

Ein weiser König also, der in allen Ländern hohes Ansehen genoß! Wie aber kam es, daß die große Insel zwischen Asien, Afrika und Europa zum Sitz seiner Herrschaft wurde? Das ist eine Geschichte aus sehr frühen Zeiten, und sie blieb mehr als viertausend Jahre im Gedächtnis der Menschen.

Europa auf dem Stier. Schalenfragment von der Insel Ägina

In Tyros, an der Küste Kleinasiens war Agenor König. Er hatte viele Söhne und eine Tochter von großer Schönheit, die Europa hieß. Zeus, der König der Götter und Vater der Menschen, wurde von Liebe zu der Prinzessin ergriffen. Um sie zu gewinnen, dachte er sich eine List aus. Er schickte Hermes, den Gott der Händler und Diebe, hinab an die Küste bei Tyros. Hermes sollte die Herde Agenors auf die Wiesen treiben, auf denen Europa mit ihren Freundinnen spielte. Europa sah an der Spitze der Herde einen herrlichen Stier, den sie noch nie bemerkt hatte. Er war strahlend weiß bis auf einen schwarzen Stirnfleck zwischen den Hörnern. Und er war sanft und begann mit der Prinzessin zu spielen. Europa, der das gefiel, schlang einen Blumenkranz um die Hörner des Stiers. Der Stier kniete nieder, und Europa, ermutigt von ihren Freundinnen, setzte sich auf das gewaltige Tier und ritt auf ihm zum Meere hin. Mit einem Male rannte der Stier in die Wogen. In ihrer Angst klammerte sich Europa an den Hörnern fest. Der Stier trug sie hinaus ins Meer. Voll Schrecken sah Europa die Küste Asiens versinken. Der Stier schwamm weit und durchbrach die Brandung vor der Felsküste Kretas. Er stieg an Land und trug die Prinzessin an einen lieblichen Platz. Eine Quelle war dort und ein Weidendickicht, überragt von einer alten Platane. Nun verwandelte sich der Stier zurück in den Gott und nahm Europa zur Frau. Sie gebar ihm drei Söhne: Minos, Radamantes und Sarpedon. Zeus schenkte Europa ein goldenes Halsband, durch das ihr unvergängliche Schönheit verliehen wurde. Den Minos aber, den Erstgeborenen der Europa, zog Zeus selbst auf. Neun Jahre wohnten sie in einer Höhle.

Auch Zeus war auf Kreta zur Welt gekommen und hatte seine ersten Lebensjahre in einer Höhle auf Kreta zugebracht. Da sein Vater Kronos alle seine Kinder verschlang, hatte Rhea, die Mutter, den Sohn vor dem göttlichen Ungeheuer versteckt. Zwei Bären zogen Zeus auf, eine Ziege gab ihm Milch, Bienen brachten ihm Honig, und die Kureten, Urgeister aus den Schluchten, machten Lärm mit Schilden, die ihnen Rhea gegeben hatte, damit nicht der schreckliche Vater das Weinen des Kindes höre. So war Zeus in der kretischen Höhle jedem Anschlag entgangen und hatte, groß geworden, seinen Vater gestürzt. Nun war er auf die Insel zurückgekehrt, um als König der Götter und Menschen den von seinen Söhnen zu erziehen, dem er den würdigsten Thron der alten Welt bestimmt hatte.

Minos herrschte gerecht. Auch seine beiden Brüder

wurden zu Königen, die weise regierten. Für Minos schmiedete Hephaistos auf Befehl des Zeus einen erzenen Riesen mit Namen Tauros, der dreimal täglich als Posten die Insel umkreiste. Feindliche Schiffe hielt er von den Küsten fern, indem er sie mit Felsbrocken bewarf. So war Kreta sicher, und es war nicht nötig, um die Residenzen unüberwindliche Mauern zu bauen.

Von Festungsmauern fand Evans bei seinen Ausgrabungen in Knossos keine Spur. Dagegen zahllose Überreste herrlicher Fresken, die weite Räume geschmückt hatten, Gefäße von unfaßbarer Feinheit, viel Schmuck und andere Anzeichen für gesicherten Reichtum. Evans fand einen Palastbereich, der zu den kriegerischen Burgen von Troja und Mykenä in lebhaftem Gegensatz stand. Auf der Insel des Minos hatten die Menschen in Frieden und Freude gelebt, in einer farbenprächtigen Welt, in der es keine Kriegsbauten gab – und keine Tempel.

Davon war Evans nicht überrascht. Er wußte seit seinen ersten Ritten durch Kreta, daß die frühesten Bewohner der Insel ihre Gottheiten in Heiligtümern verehrt hatten, die vom Weltenschöpfer selber erschaffen waren: auf Gipfeln und in heiligen Höhlen.

Höhlengeheimnisse

Sechs Jahre vor Beginn der Ausgrabungen in Knossos war Evans mit seinem Freunde Myres in die Berge geritten, um die Höhle aufzusuchen, die von Federigo Halbherr als Zeusgrotte bezeichnet worden war. Beim alten griechischen Geographen Strabo ist nachzulesen, wo sie liegt: im Südosten von Knossos, hundert Stadien – das sind achtzehn Kilometer – vom Königssitz des Minos entfernt. Die beiden Reiter stellten fest, daß der Grieche die Entfernung unterschätzt hatte. Die Pferde mußten auf einer schlechten, windungsreichen Straße erst die Hochebene von Lasithi ersteigen und dann diese fruchtbare Tafel mit ihren hübschen Orten, Feldern und Windmühlen hinter sich lassen, um am Südrand von neuem einen Aufstieg zu beginnen.

Dort liegt das Dorf Psychró, das mit dem Schatten alter Platanen und einem Bündel von Quellen zur Rast einlädt. Nicht weit davon, in einer Höhe von tausend Metern über dem Meere, öffnet sich die alte Kulthöhle. Hirten zeigten den beiden Forschern den versteckten Höhleneingang.

Evans fand einen steinernen Opfertisch mit drei Vertiefungen für Spenden. Auch einige Weihgaben und ein paar Siegelsteine entdeckte er. Ein tieferes Eindringen in die Höhle war unmöglich, da große Teile der Decke eingestürzt waren.

Von der Höhle war Evans etwas enttäuscht. Im Dorf aber konnte er eine Anzahl von Milchsteinen kaufen, Reste von Bronzetafeln, in die Schriftzeichen eingeritzt waren, und Bruchstücke eines Steatitgefäßes.

Das war mehr, als er hatte erwarten können, und so zog er zufrieden ab. In den beiden folgenden Jahren kam er wieder nach Psychró und erwarb von den Hirten und Bauern Fundstücke, mit denen sie nichts anzufangen wußten, die für den Forscher jedoch von unschätzbarem Wert waren.

Vor Evans hatten bereits Federigo Halbherr und Hazzidakis auf diese Weise Höhlenfunde gesammelt. Obwohl die Bauern wegen der politischen Unruhen mißtrauisch waren, brachten der Italiener und der Grieche so viele Weihgaben aus der Höhle Psychró zusammen, daß es für eine erste gemeinsame Veröffentlichung reichte.

Den entscheidenden Vorstoß in das Höhlenheiligtum von Psychró führte Hogarth, der Evans geholfen hatte, die Ausgrabung des Minospalastes in Gang zu bringen.

Im Mai 1900, als das Bild des ersten Minoers und der Thron des Minos entdeckt waren und die Arbeiten in

Knossos zügig vorankamen, ging Hogarth mit einigen Facharbeitern nach Psychró in der Absicht, die Höhle gründlich zu erforschen. Er kam mit Brecheisen, Sprengpulver, Hacken und anderem Grabgerät. Und als er sechzig Männer, Frauen und Mädchen als Hilfstruppe angeworben hatte, begann er den Angriff auf das Heiligtum in der Erde.

Die Mädchen hatten sich zunächst gesträubt, mit Männern zusammen zu arbeiten, weil das in Kreta nicht Brauch war, schon gar nicht in einem so abgeschiedenen Ort wie Psychró. Dort hatten sich die Verhältnisse seit Jahrhunderten wenig geändert, und in manchem dachten die Leute noch so wie zu Zeiten des Minos.

Doch als eine Frau und ein Mädchen aus dem Dorf den Anfang gemacht hatten, »brach das Eis. Eine lärmende Menge kam an und schwang Sandsiebe über den Köpfen, und alle wollten zugleich eingeschrieben werden. Zusammen mit Schwestern, Basen und Tanten, die ihnen zu essen brachten, machten sie die Terrasse vor der Höhle zum heitersten Platz im ganzen Lassithi-Gebirge.«

Die Männer bohrten Löcher in die Felsblöcke und sprengten sie. Von Osten her wurde ein Zugang in die Höhle gebrochen. Das Sprengen war nicht ungefährlich, da über dem Eingang ein uralter Spalt im Felsen klaffte, vermutlich von einem Erdbeben aufgerissen, das auch die Höhlendecke zum Einsturz gebracht hatte.

Nachdem die Trümmer beseitigt waren, begann die eigentliche Erforschung. Dunkle Erde wurde vom Höhlenboden geschürft und draußen im Sonnenlicht durch Siebe geschüttelt, in denen auch kleinste Scherbenreste hängenblieben. Verkrustete Stücke verschwanden für eine Weile in Wassertrögen, bis sie von Schmutz gesäubert waren und glänzten.

Nur fünf Männer gruben zunächst in der Höhle. Sie brachen mit Hacken und Messern den harten Grund auf. Zwanzig Männer trugen die Erde in Körben hinaus zu den Frauen und Mädchen. Das Sieben, bei dem ständig Fundstücke zum Vorschein kamen, machte allen Spaß. Die Mädchen sangen dabei. Immer wieder wurden Rufe des Staunens laut.

Es fanden sich seltsame Dinge: Scherben mit Fischen und Vögeln und Pflanzen bemalt, mit Doppeläxten und Stierköpfen; Lampen und Messer und Schmuck.

Im Innern der Höhle entdeckte Hogarth einen Altar. Als er ihn ausgraben wollte, zerfiel er vor seinen Augen, so sorgfältig er dabei auch verfuhr. Bald war im oberen Teil der Höhle nichts mehr zu finden.

Da entschloß sich Hogarth, in den Abgrund einzudringen, der sich in der Höhle auftat, obgleich er zweifeln mußte, ob die schwer zugängliche Untergrotte jemals betreten worden war. Dort unten schimmerte schwarzer Schlamm. Ein kleiner See blickte wie ein Zyklopenauge herauf.

Hogarth ließ einige Männer anseilen und in die Tiefe absteigen. »Widerwillig und ohne Erwartung, dort unten etwas zu finden, gingen sie an die Arbeit. Sie trennten sich ungern von der wärmenden Sonne, und als auch Mädchen dort unten eingesetzt wurden, murrten sie nicht wenig, daß sie in diesem feuchtkalten Schlamm nach Scherben suchen sollten.« Sie hatten keinen sicheren Stand. Nichts als Schlamm blieb in ihrer Hand, sooft sie sich auch bückten, um im Morast zu fischen. Auch den Männern war nach einigen Stunden unheimlich zumute. Aber Hogarth dachte nicht daran aufzugeben. Während er selbst den Grund abtastete, spornte er die Sucher an.

Und da geschah es: Ein Mann, der mit beiden Händen zugreifen wollte, steckte seine Kerze in einen Felsspalt – und stieß dabei an Metall. Er sah genauer hin und entdeckte einen Bronzedolch, der im gleichen Felsspalt eingekeilt war. Neben dem Riß war eine breite Vertiefung im Fels. Der Mann sah Gefäße, herrlich bemalt. Er stieß einen Freudenschrei aus. Und alle begannen nun, statt im Schlamm weiterzuwühlen, zwischen den vielen Tropfsteinsäulen zu suchen, erst atemlos, dann mit zunehmendem Lärm. Was sie sahen, raubte ihnen die Fassung. Verborgen in Spalten und Nischen fanden sich Hunderte von Weihgaben: Waffen, Gefäße, Doppeläxte und Schmuck. Manche Stücke waren mit dem Fels verwachsen. Eine Sinterschicht hatte sie im Laufe von Jahrtausenden überzogen. Nur mit Meißelschlägen konnten sie losgelöst werden.

Bronzetafel aus der Höhle Psychró

Als schließlich der Irrgarten in der Tiefe genau untersucht war, hatten die Ausgräber mehr als tausend Funde ans Licht gebracht.

Warum, so fragte sich Hogarth, haben die Minoer hier, in so unheimlicher Tiefe, ihre Gaben der Gottheit zum Opfer gebracht? Er fand eine Antwort, die einleuchtet. Hogarth, zu jener Zeit tiefer mit Kreta vertraut als selbst Evans, schreibt in seinem Grabungsbericht: »In diesem ehrfurchtgebietenden Teil der heiligen Höhle erhoffte man sich besonderen Segen, da man die Gaben in Nischen legen konnte, die von der Natur selbst geschaffen waren. In diesen Säulenhallen von geheimnisvollem Ausmaß und abgründiger Finsternis sahen die alten Kreter den Schauplatz für die Begegnungen von Minos und Zeus.«

Hier also hatte der erste König der Insel seinen göttlichen Vater aufgesucht, um sich Rat zu holen. Hogarth hatte keinen Zweifel, daß diese Höhle auch Geburtsort und Versteck des Zeus gewesen sei. »Von allen Kultgrotten der Welt nimmt die von Psychró durch ihre untere Halle einen einzigartigen Platz ein«, schrieb er nach Abschluß der Grabung. Und in der Tat ist diese Höhle von ungewöhnlichem Zauber. Wer etwas Ebenbürtiges finden will, muß Lascaux, Altamira oder Trois Frères aufsuchen, Höhlen mit Bildern, die zu einer Zeit gemalt wurden, als Mammut und Wollnashorn noch bei uns heimisch waren.

Minoische Bügelkanne, mit Fischen und Pflanzen bemalt, 11,5 cm hoch

Siebzehn Jahre vor der Erforschung der Höhle von Psychró hatte der junge Deutsche Fabricius *seine* Zeushöhle entdeckt, die Idäische Grotte. Im September 1883 stieg Fabricius ins Ida-Gebirge auf. Er hatte von einer Höhle gehört, in der Hirten seltsame Funde gemacht hatten. Den Hirten hatte der Deutsche Dreifüße abgekauft, sechzig Goldplättchen und eine silberne Gewandnadel. Als er zum Höhlenaufgang aufgestiegen war, fand er dort Schneereste, die den Sommer überdauert hatten. Der vordere Höhlenteil war mit einer dicken Aschenschicht verstopft. Aus ihr wühlte Fabricius Lampen aus römischer Zeit und viel ältere Scherben. Er fand Hörner von Stieren. Bei näherer Betrachtung stellte sich heraus, daß die Stiere zu einer Art gehörten, die auf Kreta längst ausgestorben ist. Fabricius entdeckte Überreste von Rädern, ja ganze Erntewagen. Vermutlich waren die Wagen mit den Erstlingen des Feldes beladen gewesen, und man hatte sie zu dieser Höhle gebracht, um sie in Wolkennähe der Gottheit zu opfern.

Heute sind eine Reihe heiliger Höhlen auf Kreta bekannt. Die meisten waren ausgeplündert, als Archäologen sie fanden. In der Höhle von Skoteinó, unweit von Knossos, konnte nur noch sehr wenig geborgen werden. Aus der Kamareshöhle dagegen, die nur zwei Stunden von der Höhle von Psychró entfernt ist, wurden unerhörte Schätze geholt. 1893 hatte Hazzidakis die ersten Funde aus dieser Höhle von Hirten gekauft. Im folgenden Jahr zeichnete ein Italiener einen Plan der Kultgrotte. 1904 drang dann der Engländer Dawkins in sie ein.

Als er es Anfang Juli versuchte, mußte er Schnee vom Eingang wegräumen. In der Höhle fand er Berge bemalter Scherben, in Winkeln versteckt. Zusammengesetzt ergaben sie Gefäße von einer Feinheit, wie man sie nur von Eierschalen kennt. Und nicht nur die Töpferarbeit war von unbegreiflicher Vollendung – auch die Malerei auf den Gefäßen, Tintenfische und Krebse, Vögel und Krokusse, alles, was im Meer und auf dem Lande wächst und sich bewegt, war meisterhaft in leuchtenden Farben auf die Gefäße gemalt. Was Evans an den Fresken des Minos-Palastes entdeckt hatte – hier in der Höhle von Kamares kehrte es im kleinen noch einmal wieder.

Die bei weitem ergiebigste Höhle liegt in der Mitte der Insel, nicht weit von den Ruinen der alten Stadt Lyktos. Die Höhle trägt den Namen Arkalochori. Auch aus dieser Höhle hatten sich Hirten und Bauern seit langem Weihgeschenke geholt. Erdbeben hatten Teile der Höhle einstürzen lassen und Gänge verriegelt. In den verschlossenen unterirdischen Kammern lagen, seit Jahrtausenden unberüht, unvorstellbare Schätze.

Die gründliche Erforschung begann erst, als 1912 Bauern Bronzedolche zu Hazzidakis brachten, um sie ihm zum Kauf anzubieten. Sie gestanden, daß sie eine Zentnerladung von Bronzefunden zu einem Schrotthändler gebracht hätten. Hazzidakis ließ einige verschüttete Höhlengänge öffnen. Zu Tausenden wurden Bronzewaffen und Doppeläxte und Geräte gefunden. Dann blieb es lange Zeit still um die Höhle von Arkalochori.

1934 aber sickerten plötzlich Gerüchte durch, daß Kinder eine neue Fundstelle in der Höhle entdeckt hätten. Bauern der Umgebung schleppten in aller Eile davon, was sich fand, vor allem Bronzegerät. Und dann kam einer mit Dynamit. Er sprengte, und ein Raum, der seit Jahrtausenden verriegelt gewesen war, tat sich auf. Die Plünderer griffen zu und zogen mit reicher Beute ab, mit Waffen und Schmuck, Gefäßen aus Silber und Gold, Kupferbecken mit Siegelringen gefüllt, Gefäßen aus feinem Ton, Spangen und Ketten und Opfertischen und Lampen. Die wertvollsten Stücke waren Doppelbeile aus Gold.

Hazzidakis fuhr in aller Eile in die Dörfer rings um die Höhle. Ein Aufgebot von Polizisten half ihm, wenigstens einen Teil des Raubes sicherzustellen. Das meiste blieb für immer verloren. Doch beschlagnahmte Hazzidakis in Häusern, die von Neidern verraten wurden, unter anderem zwanzig Doppeläxte aus massivem Gold oder Goldblech. Der Archäologe konnte sich mit seinem raschen Zugriff zufriedengeben.

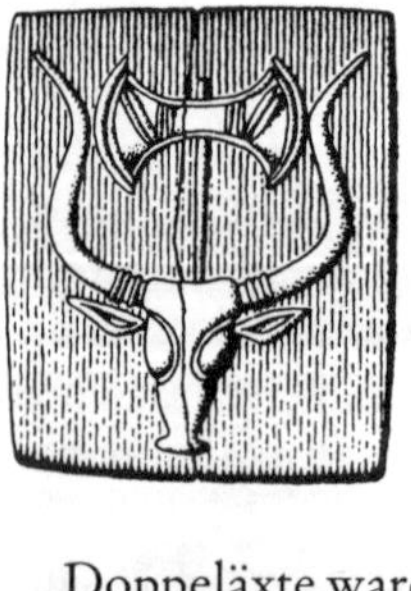

Stierschädel mit Doppelaxt. Flachzylinder aus Knossos

Doppeläxte waren in allen Kulthöhlen von Kreta gefunden worden, Doppeläxte aus Kupfer, Gold oder Stein, hundertfach auf Gefäße gemalt und in Tafeln geritzt. Kein anderes Zeichen kam so häufig vor, keins war geheimnisvoller. Ohne Zweifel war es ein heiliges Zeichen. Nur blieb im Dunkel, wem es geweiht war. Vermutlich dem höchsten kretischen Gott. War das nicht Zeus? Kein anderer Gott war so eng wie er mit der Insel verbunden. Er war in einer kretischen Höhle geboren worden und aufgewachsen; er hatte Minos, den ersten kretischen Herrscher, in einer Höhle für sein Amt vorbereitet; und er hatte zum Zeichen seiner besonderen Zuneigung die Insel von schädlichem Getier befreit, von Schlangen und Skorpionen, sogar von Füchsen, Wölfen und Eulen.

Aber warum, wenn Zeus der höchste kretische Gott war, fand sich auf keinem der vielen kretischen Siegel sein Bild? Dagegen war immer wieder eine Göttin abgebildet. War *sie* auf Kreta die oberste Gottheit, »älter als Zeus« und erhaben auch über ihn?

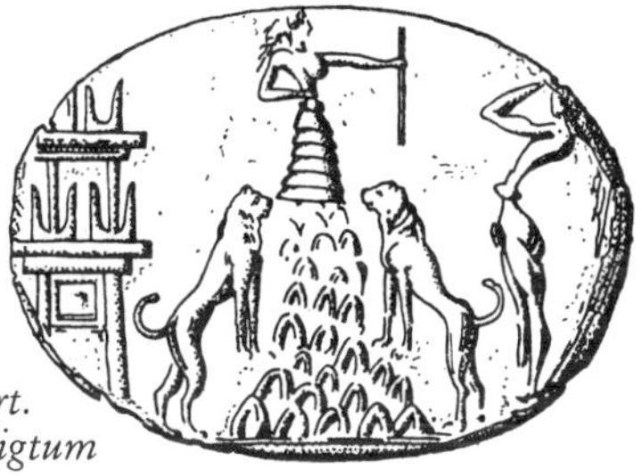

Siegel aus Knossos: Göttin, von Löwen flankiert. Rechts Beter, links ein Heiligtum

Unter den Siegeln, die Evans in Knossos fand, beschäftigte ihn eines mehr als die andern. Er selbst berichtet es so: »Es gelang mir, nach fünf Siegelabdrücken eine wunderbare Szene herzustellen, deren religiöser Charakter unverkennbar war: eine Göttin auf einem geheiligten Felsen oder Felsgipfel, zu beiden Seiten ein aufgerichteter Löwe.« Es ist das gleiche Bild wie beim Löwentor von Mykenä, nur winzig klein; und die Mitte zwischen den Löwen wird auf dem Siegel nicht von einer Säule eingenommen, sondern von einer Göttin, die gebieterisch einen Stab in der Hand hält. Da wie dort haben die Löwen ihre Vorderpranken aufgestützt und die Häupter lauschend erhoben, als erwarteten sie einen Befehl. Vor der Göttin auf dem Siegel von Knossos steht ein Mann, der zu ihr aufblickt. Er hat eine Hand vor sein Gesicht gehoben, als sei er von einer strahlenden Erscheinung geblendet. Der Glanz der Göttin trifft den Beter so stark, daß sein Oberkörper nach hinten ausweicht. Die Göttin ist nur mit einem Rock bekleidet, der wie eine Glocke aus sieben Bändern aussieht. Hinter der Göttin erhebt sich ein Heiligtum, auf dessen Dach drei mächtige Doppelhörner gepflanzt sind. Wer ist diese Göttin, die in so großer Herrlichkeit und Macht auf einer Felszinne unter dem Himmel steht, von Löwen flankiert? Ist sie eine »Herrin der Tiere«?

Evans kannte die Göttin bereits von anderen Siegeln, auf denen sie zusammen mit Tieren auftritt. Sie reitet auf Greifen, gebietet über die Fische des Meeres und die Schlangen der Erde. Wildziegen und Panther können ihre Begleiter sein. Vögel setzen sich so auf ihr Haupt, daß die Göttin mit einer Krone aus Flügeln geschmückt ist. Oder sie hat einen Hut auf, den eine Schlange umringelt.

Oft aber trägt sie eine Krone aus Blumen und hält Lilien oder Mohnstengel in der Hand. Auf dem großen Goldring, den Stamatakes im sechsten mykenischen Grab gefunden hat, sitzt die Göttin unter einem üppigen Baum. Priesterinnen bringen ihr Blumen. Am Himmel erscheint ein göttliches Kind, mit Doppelschild und Lanze bewaffnet.

Immer wieder tritt dieses göttliche Kind auf, am eindrucksvollsten auf einem Ring, den Evans in Knossos fand: Vor einem Heiligtum, das von einem Baum und einer Säule bewacht wird, schwebt ein knabenhafter Gott in den Lüften. Seine aufrechte Haltung, sein ausgestreckter Arm, mit dem er einen Stab hält – das alles erinnert an die Göttin mit den Löwen, die gebieterisch auf dem Felsgipfel steht. Nun steht sie vor dem Kind, dessen Haar im Winde flattert, und blickt zu ihm auf.

Fast immer wird sie mit Bäumen oder Blumen dargestellt. Ist sie die Göttin, die für das Gedeihen der Felder sorgt? Läßt sie die Fluren erblühen und alles Leben aus dem Schoß der Erde hervorgehen? Ist sie die Große Mutter, die bei allen frühen Völkern, besonders im Osten, verehrt wurde – in verschiedener Gestalt?

Dafür fanden die Forscher auf Kreta immer mehr Anhaltspunkte. Sie ist die Frühlingsgöttin, mit der junges Leben auf der Erde einzieht. Jahr für Jahr bringt sie »das göttliche Kind« von neuem zur Welt.

Es paßt zu diesem Bilde, daß Zeus, der Weltenlenker, auf Kreta vor allem als Kind in Erscheinung tritt. Hier hat ihn Rhea im Schoß der Erde geboren und vor den Nachstellungen seines tückischen Vaters bewahrt. Und da sie nicht nur für dieses Kind da sein konnte, bestellte sie für den kleinen Zeus die Bären, die Ziege und die Bienen, die Erdgeister, die ihn beschützten. Ihre ganze Macht bot sie auf, sein Leben zu sichern. Es gelang ihr, erzählen die griechischen Sagen: Zum Manne herangewachsen, verließ Zeus die Insel und errang die Herrschaft über Himmel und Erde. Die alten Kreter dagegen glaubten, Zeus habe Kreta niemals verlassen. Für alle Zeiten sei sein Leben bedroht geblieben. Wie der Osiris der alten Ägypter starb und wieder auferstand, so erfuhr auch der kretische Zeus Vergehen und neues Werden – wie die Blume, die verwelkt und wieder erblüht, wie die Kornähre, die abgemäht wird und deren Körner zu neuen Ähren werden. Der Kultknoten, auf Kreta häufig gefunden, ist dafür ein Zeichen wie bei den Ägyptern das Henkelkreuz oder der Isisknoten, die beide als Lebensschlüssel galten.

Auf manchen kretischen Siegeln sind seltsame Dinge zu sehen, die an Schmetterlingspuppen erinnern, jene Gebilde, die nicht mehr Raupe und noch nicht Schmetterling sind. Andere Bilder zeigen verschnürte Kissen oder Säcke. In ihnen stecken Menschen, die sich verpuppt haben. Die Stunde der Einweihung ist dargestellt. Da darf einer nach schweren Prüfungen einen Blick in das tiefste Geheimnis tun. In den Zustand der Entrückung versetzt, erlangt er die Gewißheit, daß das Leben mit dem Tode kein Ende nimmt.

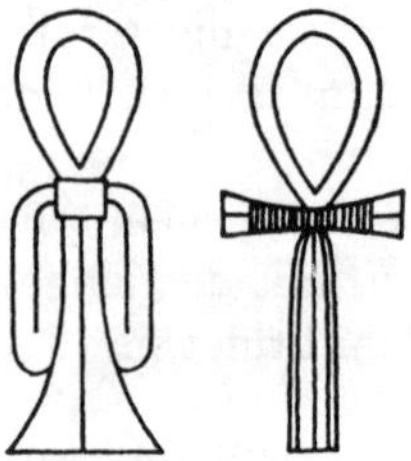

Isis-Zeichen und Henkelkreuz aus Ägypten

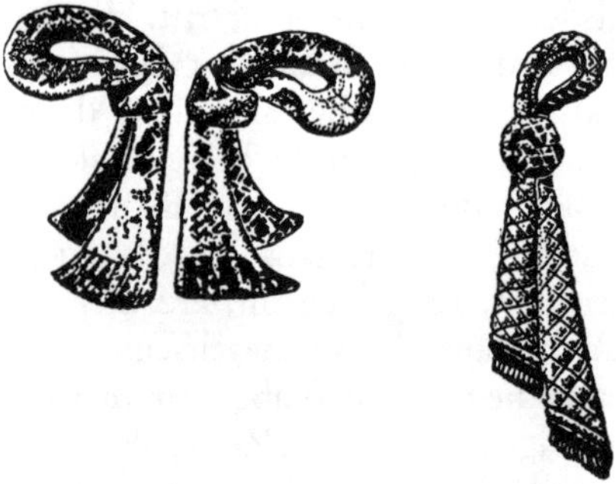

Kretische Kultknoten

Daran haben die alten Ägypter, die Inder, die Babylonier und auch schon die Eiszeitjäger geglaubt. Dieser Glaube war stärker als die Erfahrung, daß der Mensch zu jeder Stunde bedroht ist und sein Leben einbüßen kann. Die alten Kreter, deren Insel immer wieder von schweren Erdbeben erschüttert wurde, vertrauten auf die Große Mutter, der alles Leben heilig ist. Wie alle frühen Völker waren sie ein frommes Volk.

Auch Kulthandlungen sind auf kretischen Siegeln dargestellt: Muschelhornbläser, die hilfreiche Geister herbeirufen; Dämonen, die in erschreckenden Gestalten erscheinen, als geflügelte Ziegen, als Hunde, die Krüge schleppen, als Vogelköpfige und Nilpferde mit Steinbockhörnern.

Die Bedeutung dieser Bilder ist uns verschlossen. Nur eins wissen wir sicher: Die Minoer haben keine Tempel errichtet, sondern ihre Götter im Freien verehrt, auf Berggipfeln, heiligen Wiesen und in tiefen Höhlen.

An manchen Plätzen wurden heilige Pfeiler aufgestellt oder statt der Pfeiler Äxte mit zwei Schneiden, mehrere Meter hoch. Bei vielen alten Völkern war die Doppelaxt ein heiliges Zeichen. Der Kindergott der Hethiter trug sie als Zepter. In Dänemark wurde ein steinernes Doppelbeil gefunden, herrlich geformt, vermutlich zehntausend Jahre alt. Auch im Palast des Minos fand Evans die Doppelaxt häufig, in einer Halle mit Vierkantsäulen besonders oft. Evans nannte den Raum die »Halle der Doppeläxte«.

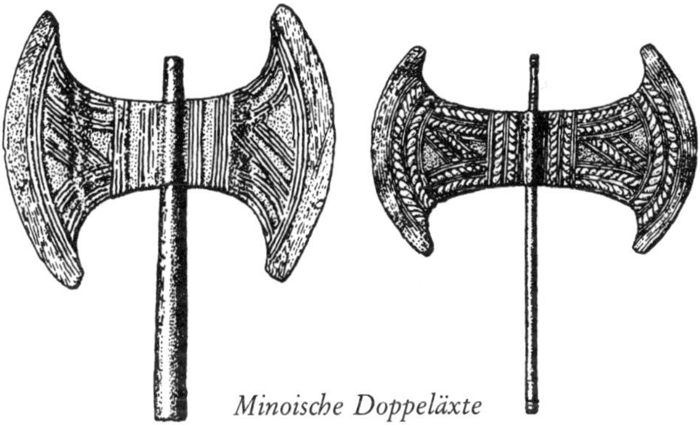

Minoische Doppeläxte

Bei Griechen und Kretern hieß die Doppelaxt Labrys. Dieses uralte Wort hatten Einwanderer aus Kleinasien vor langer Zeit mitgebracht – samt der Doppelaxt, dem heiligen Zeichen. Davon wußten freilich schon die Griechen zur Zeit der ersten Olympischen Spiele nichts mehr. Für sie, die vom Minospalast nur noch Ruinen zu sehen bekamen, bezeichnete das Labyrinth wie für alle Späteren einen steinernen Irrgarten, aus dem ohne Hilfe unmöglich ein Ausweg zu finden war.

Erst als bei Ausgrabungen in Knossos kein anderes Zeichen so oft auftauchte wie die Doppelaxt, die Labrys, wurde es für die Ausgräber klar, was Labyrinth ursprünglich bedeutet hatte: »Haus der Doppelaxt«. Für die Minoer war der Minospalast nicht ein auswegloses Gewirr von Gängen unter der Erde gewesen, sondern ein lichter Bau, in dem Könige wohnten, die göttlicher Herkunft waren und die über Insel und Meer so weise herrschten, daß die Kreter in Frieden leben konnten.

Bilder erzählen von den Minoern

Als im Sommer 1900 die Hitze auf Kreta unerträglich zu werden begann, unterbrachen Evans, Mackenzie und Fyfe die Ausgrabungen in Knossos. Über dem Hügel, von dem sie eine schwere Decke aus Erde und Steinen weggezogen hatten, flimmerte die Luft, als schwele unter den Trümmern des Palastes ein Brand.

Im Februar 1901 kehrten die drei Forscher an ihr Werk zurück. Tag für Tag ritten sie vom Haus des Türken, das Evans in Heraklion gemietet hatte, auf Maultieren nach Knossos. Durch ein höhlenartiges Tor in der Festungsmauer, vorüber an den Aussätzigen, die vor der Stadt bettelten, führte der Weg an den Arbeitsplatz.

Neue Treppen und Gänge, neue Speicher, Wohnräume und Bäder wurden freigelegt, neue Terrassen und Höfe, Gefäße, Geräte, sogar ägyptische Statuen wurden aus dem Boden geschabt. Vor allem kamen Bilder zum Vorschein.

In den heiligen Höhlen Kretas, in denen Tausende von Weihgaben niedergelegt worden waren, hatte sich nicht ein gemaltes oder gemeißeltes Bild an den Wänden oder in verborgenen Winkeln gefunden – anders als in den Kultgrotten der Eiszeitjäger. Um so mehr Malereien tauchten aus dem Hügel von Knossos auf; und ihre Farben hatten die gleiche Leuchtkraft wie die Bilder von Altamira oder Lascaux. Das Rot, das Gelb, das Blau, das Grün, selbst das Schwarz und das Weiß auf den Stuckresten waren so frisch, als seien sie eben aufgetragen worden und nicht schon vor dreieinhalb Jahrtausenden.

An Bruchstellen konnten die Ausgräber sehen, daß die Farben tief in den Verputz eingedrungen waren. Also hatten die Maler ihre Bilder auf die Wände geworfen, solange sie noch feucht gewesen waren. Rasch, wie Zauberer arbeiten, hatten sie den dargestellten Menschen, Tieren und Pflanzen, deren Umrisse mit Griffeln leicht vorgezeichnet waren, Farbe gegeben – ohne das geringste Zeichen von Unsicherheit. Das verraten die Bilder: Sie sind so bewegt, als seien sie noch im Entstehen begriffen.

Die Ausgräber mußten alle Bilder erst mühsam zusammensetzen. Viele Fresken waren beim Einsturz der Palastmauern so gründlich zerstört worden, daß alle Erfahrung und alle Geduld nichts mehr retten konnten. Lückenlos ließen sich überhaupt nur ganz wenige Fresken wiederherstellen. Aber auch die Bruchstücke sind von unnachahmlichem Zauber.

Auf die Bilder ist das Leben gebannt, das die minoischen Maler umgab. Sie zeigen Landschaften, die von Licht überflutet und reich bevölkert sind. Hasen treiben sich zwischen Büschen herum, Fasanen stehen in Rosengehegen, Affen klettern auf bunte Felsen. Weite Flächen sind mit Schilf und Papyros bedeckt, mit Gras und Blumen, Efeu und Palmen. Krokus, Iris und Lilien in großer Zahl sind zu Teppichen verwoben. Rehe äsen in blühenden Wiesen, Wildkatzen belauern Vögel, Mädchen knien vor Beeten und pflücken Blumen.

Die frühen Kreter waren in Blumen vernarrt. Sie wollten Gärten und Parks mit heiteren Springbrunnen, Schmetterlingen und Bienen auch innerhalb ihrer Häuser haben – einen Frühling, der das ganze Jahr über dauert. Was leuchtet und so leicht ist, daß es sich in die Luft erheben kann, haben die minoischen Maler mit besonderer Hingabe festgehalten, tausendfach auf Fresken und Gefäßen, die selber kaum mehr wiegen als Blumen und kleine Vögel. Evans hat auch in Knossos unzählige Scher-

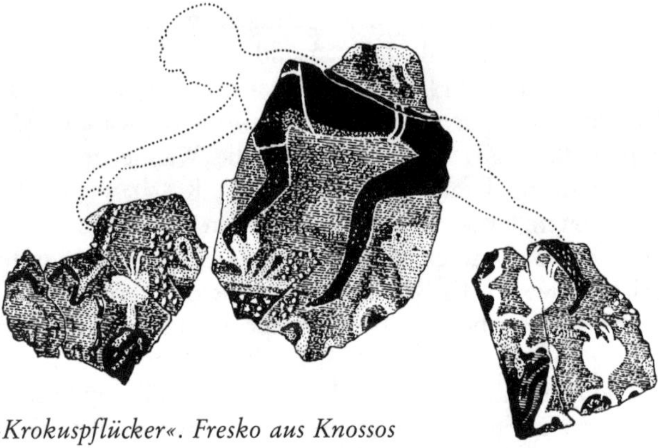

»Krokuspflücker«. Fresko aus Knossos

ben von Vasen gefunden, die als »Eierschalenware« bezeichnet werden. Der römische Dichter Ovid nannte sie »windgetragen und hauchdünn«. Monatelang mußte der Ton, aus dem solche Gefäße geformt sind, immer wieder angefeuchtet und durchgeknetet werden. Das machte ihn geschmeidig und haltbar; und noch aus kleinen Scherben ließ sich manches Gefäß wieder zusammensetzen samt den Bildern, mit denen es geschmückt war.

Die minoischen Maler gaben den Archäologen auch manches Rätsel auf. Aus einer tieferen Schicht in der Nähe des Thronsaales holten sie ein Bild, das ihnen besonderes Kopfzerbrechen machte. Als erstes Bruchstück kam eine weiße Krokusblüte zum Vorschein. Dann wurden zwei weitere Blüten entdeckt, zwischen ihnen ein Fuß, blau gemalt. Insgesamt fanden sich zehn Bruchstücke, aus denen sich ein Körper, ein linker Arm und zwei Beine zusammensetzen ließen, eine Gestalt, die Krokusblüten pflückt. »Krokuspflücker« nannte Evans das Bild.

Er war aus mehreren Gründen von ihm überrascht. Der Maler hatte mit großer Kühnheit gearbeitet. Er ließ die Krokusse nicht nur in Beten und Blumenschalen am unteren Bildrand wachsen, sondern auch hinter dem Rücken und über den Schultern des Krokuspflückers. Was aber mehr als alles andere auffiel, war das Blau, mit dem der Körper, Arme und Beine gemalt waren. Dieses Blau war für die Archäologen eine Herausforderung; denn auf allen minoischen Bildern mit menschlichen Gestalten sind die Frauen weiß, die Männer braunrot gemalt.

Evans untersuchte den Blumenpflücker genauer. Und er bemerkte, daß sich die Hand nicht allzusehr vom Fuß unterscheidet. Es ist kein Menschenfuß, der da ins Beet gesetzt wird. Außerdem ist die Gestalt so vorgebeugt, als bewege sie sich »auf allen vieren« fort.

Ein später gefundenes Fresko löste das Rätsel: Auf ihm war eine blaue Gestalt deutlich erkennbar. Es war ein Affe. Noch mehr Bilder mit blauen Affen kamen dazu, als außerhalb des Palastes die Überreste eines Hauses aufgedeckt wurden, das einem kunstsinnigen reichen Mann gehört hatte. Die Minoer hielten als Haustiere eben auch Affen, die sich allerlei herausnahmen – warum nicht auch einen Spaziergang durch Blumenbeete!

Als Inselbewohner waren die minoischen Maler auch mit dem Meer vertraut. Auf Gefäßen und Wänden stellten sie Seestücke dar, Wellen mit fliegenden Fischen, bewach-

Kretische Vase mit Tintenfisch, 28 cm hoch

Fayenceplättchen, die minoische Häuser darstellen, bis zu 5 cm hoch. Aus dem Palast zu Knossos

sene Korallenriffe, Seesterne, Polypen, Muscheln und Purpurschnecken.

Für die Minoer hörte die Welt an der Küste Kretas nicht auf. Ihre Schiffe brachten von nahen und fernen Küsten so große Reichtümer, daß riesige Speicherräume angelegt und Schätze aufgehäuft werden konnten. Evans fand Kupferbarren, von denen jeder neunundzwanzig Kilogramm wog.

Rings um die Palastbauten war eine weitläufige Stadt entstanden, in der schätzungsweise eine Viertelmillion Menschen wohnten. Wie die Häuser aussahen, erzählt ein Fund von vielen kleinen Fayenceplättchen. Jedes Plättchen stellt ein Haus dar. Die Häuser hatten flache Dächer und winzige Fenster. Die Tür war nicht immer zu ebener Erde angebracht. Es gab Treppen aus Stein, vielleicht auch aus Holz. Die Häuser waren bemalt; an vielen war das Gebälk zwischen den Lehmziegeln zu sehen wie bei unsern Fachwerkbauten. Mehr als zwei Stockwerke waren selten. Aber die Häuser waren aneinandergeklebt wie die Zellen von Bienenwaben. In den kretischen Palaststädten lebten die Bewohner so eng zusammen wie Bienen in ihrem Stock.

Dicht gedrängt sehen wir sie auch auf Tribünen um einen Platz sitzen, auf dem Wettkämpfe ausgetragen werden. Männer wie Frauen sind reich geschmückt, sie tragen

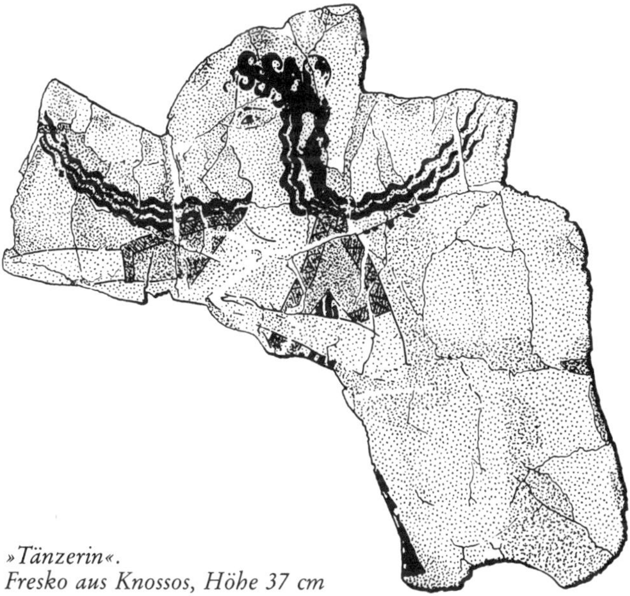

»Tänzerin«.
Fresko aus Knossos, Höhe 37 cm

Armreifen und Kettchen an den Handgelenken, auch Ohrgehänge. Das Haar ist zu kunstvollen Frisuren geordnet, die Männer sind sorgfältig rasiert. Bekleidet sind die Männer mit einem Lendenschurz aus hübsch gemustertem Stoff und einem Gürtel. Für kühlere Tage kommt dazu ein kurzer Mantel. Zur Reiseausrüstung gehören außerdem noch Sandalen und Wickelgamaschen.

Bei feierlichen Anlässen boten die Minoer einen stattlichen Anblick. Nicht weniger als fünfhundertsechsunddreißig lebensgroße Gabenträger zählte Evans bei der Prozession, die er in einem der Korridore freilegte. Prinzen wurden überlebensgroß dargestellt, mit einer Krone aus Pfauenfedern auf dem hocherhobenen Haupt.

Die Frauen trugen enge Jacken, die die Brüste frei ließen, und weite Röcke aus kostbaren Stoffen. Das Haar wurde mit Diademen zusammengehalten. Hals und Arme waren mit Schmuck überladen. Aus den Bildern blicken uns die Kreterinnen mit ihren großen dunklen Augen unbefangen an, mit kleinen kecken Nasen, zartem Kinn, mit Lippen, die an Blumen erinnern.

Die Minoer liebten Feste und Schaustellungen, Musik und Tanz, Brettspiel und sportlichen Wettkampf. Lange vor den ersten Olympischen Spielen in Griechenland wurden auf Kreta Entscheidungen zwischen den besten Ringern und Faustkämpfern des Landes ausgetragen. Dabei wurde hart gekämpft, die Köpfe waren durch Helme geschützt.

Für die Ausgräber waren solche Darstellungen überraschend. Sie hatten auf vielen Fresken die Minoer als Menschen kennengelernt, die einen ausgeprägten Sinn für das Schöne hatten, die das Wild lieber belauschten als daß sie es jagten, die sich an Vögeln und Blumen und Springbrunnen freuten. Nun war erwiesen, daß sie erbittert kämpfen konnten.

Am aufregendsten waren zahlreiche Darstellungen eines Spiels, bei dem es um Leben und Tod ging: Stiere, die in rasendem Lauf ankommen, werden von jungen Männern, die sich ihnen stellen, im entscheidenden Augenblick übersprungen.

Es gibt Fresken, auf denen die Zuschauer außer sich vor Begeisterung sind. Sie werfen die Arme hoch, ihre Münder sind zu wilden Schreien geöffnet. Zweifellos fanden immer wieder Stierspringer den Tod. Bilder auf Gefäßen zeigen, wie ein Stier einen Menschen durchbohrt. Trotz der Gefährlichkeit hat sich das Stierspringen im Reiche des Minos gehalten, solange es einen Palast zu Knossos gab.

Die Stiere wurden eigens für diese Spiele gezüchtet. Sie waren gefleckt; in freier Wildbahn kommen gefleckte Stiere nicht vor. Daß es Tiere von unglaublicher Wildheit waren, ist von zwei Goldbechern abzulesen, die zwar bei Sparta gefunden wurden, aber zweifellos von einem kretischen Meister stammen.

Auf beiden Bechern wird das Einfangen von Kampfstieren gezeigt. Der Künstler schildert, wie verschieden es dabei zugehen kann. Bei einem der Stiere glückt es, ihn mit einem Netz zu täuschen. In vollem Lauf rennt er hinein. Er überschlägt sich, sein Hinterteil wirbelt durch die Luft. Ein zweiter Stier schüttelt die Angreifer ab. Einer von ihnen ist an der Stierflanke abgeglitten und fällt auf den Rücken. Den zweiten spießt der Stier eben auf.

Auf dem anderen Becher steht ein Stier Kopf an Kopf mit einer Lockkuh. So vollkommen ist er damit beschäftigt, die Kuh für sich einzunehmen, daß er nicht merkt, was mit ihm geschieht. Schon ist um eins der Hinterbeine eine Schlinge gelegt. Der Fänger scheint sich vor dem Augenblick, da der Stier es entdecken wird, nicht zu fürchten.

Stierspringer und Stierfänger waren nicht weniger gefährdet als Krieger durch den Feind. Sie setzten ihr Leben ein – und sie taten es unbewaffnet und hatten nicht Menschen zu Gegnern.

Doch gab es auch Soldaten im Reiche des Minos. Evans fand ein Fresko, auf dem Bewaffnete zu sehen sind. Es sind Angeworbene von weither, aus Afrika: Neger als Söldner im Palast zu Knossos! Nur der Anführer ist kein Schwarzer. Evans nannte ihn »Captain of the Blacks«. Die schwarzen Soldaten tragen Helme aus dunklem Fell mit Ziegenhörnern. Ein Gürtel und ein Schurz mit gestreiftem Saum sind die ganze Bekleidung, wenn man von einer Halskette und Ringen an den Füßen absieht. Zwei dünne Speere in der Rechten – das ist die ganze Bewaffnung. Furchterregende Krieger, die in den Kampf ziehen? Es sieht nicht so aus. Sie eilen mit tänzerischen Schritten vorüber. So schlecht ausgerüstet schickt man niemanden in eine Schlacht. Vermutlich haben die Schwarzen zur Palastwache gehört, die vor allem für Aufzüge bestimmt war, bei denen es farbenfroh zugehen sollte.

Auch auf einem Gefäß, das Federigo Halbherr entdeckte, sind Söldner zu sehen. Sie marschieren in Reih und Glied, an der Spitze ein Hauptmann in einem Küraß, der an den Schuppenpanzer eines Krokodils erinnert. Der

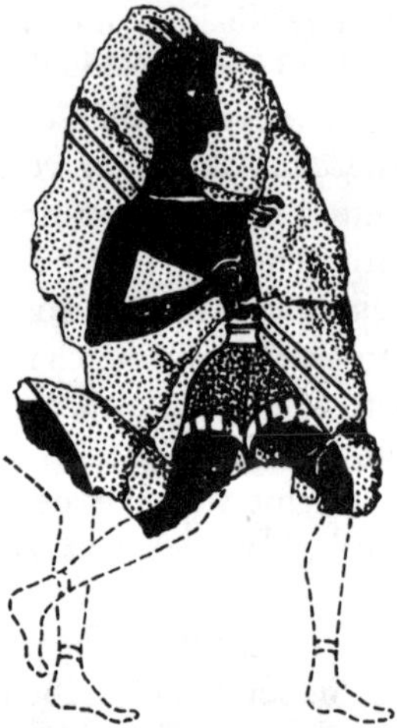

Kretischer Offizier, Anführer der Palastwache, zu der auch Neger gehörten

Rand des seltsamen Waffenrocks ist mit Fransen besetzt. Geschultert hat dieser Anführer einen Krummstock.

Acht wackere Marschierer folgen dem Hauptmann. Dann kommt die Musikkapelle. Sie wird von drei Sängern mit weit aufgerissenen Mündern gebildet, von denen der vorderste eine Rassel hochhält. Mit diesem Instrument gibt er offenbar den Takt an. Die Sänger tragen Schilde, die an Schallbecken denken lassen.

Die übrigen sind alle gleich ausgerüstet. Jeder von ihnen hat einen Dreizack geschultert, eine Gabel mit langen Spitzen. Vom Gabelstiel steht wie ein Wimpel eine Kurzsichel ab. Und auf dem rechten Oberschenkel hat jeder der Gesellen etwas aufgeschnallt, das wie eine Keule aussieht, geeignet zum Niederschlagen von Gegnern. Die Krieger selbst aber sehen gar nicht bedrohlich aus. Sie marschieren unbekümmert drauflos, und einer, der stolpert, wird mitgerissen, ohne daß es einen Aufenthalt gibt. So eilig hat man es nicht, wenn es ins Feld geht, auf dem Menschen den Tod finden. Weit eher sieht das nach einem Erntezug aus, nach einer Heimkehr aus Olivenhainen. Und die

»Keulen« sind vermutlich Flaschen, mit Wein gefüllt, der den Zug bei guter Laune hält. Auf keinen Fall sind diese Krieger achäische Helden, wie Homer sie schildert. Mit ihren fröhlichen Gesichtern passen sie gut in eine Welt, in der man Frieden höher schätzte als Krieg.

Ein anderes kretisches Gefäß ist als »Prinzenbecher« bekannt. Auch auf ihm sind »Soldaten« dargestellt. Einer, der einen Kommandostab vor sich in die Erde pflanzt, um seinen Rang zu betonen, nimmt die Meldung eines Offiziers entgegen, auf dessen Helm ein Schweif wippt. Drei Gestalten werden vorgeführt, die riesige Häute tragen: Elefantenhäute, wie die Schwänze verraten. Also Afrikaner mit Tribut oder Geschenken? Ein Blick in die Gesichter klärt alles auf: Es sind Kinder, die etwas spielen, was sie oft gesehen haben – das Überbringen von Gaben für den Herrscher von Kreta.

Daß die Minoer auch für harmlose Spiele viel übrig hatten, beweisen zahlreiche Funde. Ein kleines Gebilde aus Ton stellt ein Mädchen dar, das auf einer Schaukel sitzt. Die Schaukelpfosten sind erhalten, es fehlt nur der Strick, der das Schaukelbrett mit den Pfosten verband; sicher war er aus Hanf oder einem anderen vergänglichen Stoff.

Natürlich gab es auch Waffen. Die meisten von ihnen sind reich geschmückt. Besonders schön ist ein steiner-

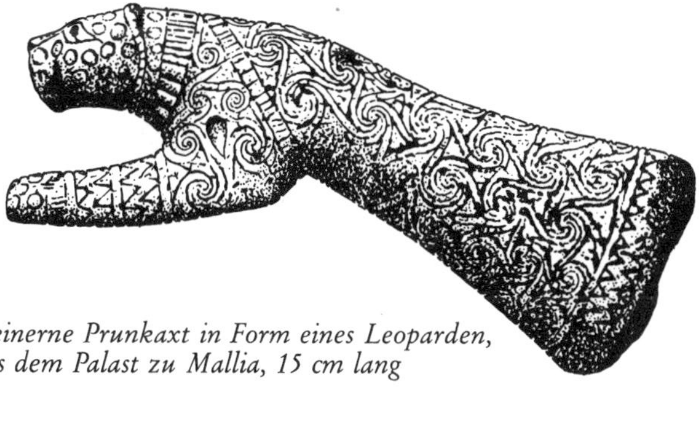

Steinerne Prunkaxt in Form eines Leoparden, aus dem Palast zu Mallia, 15 cm lang

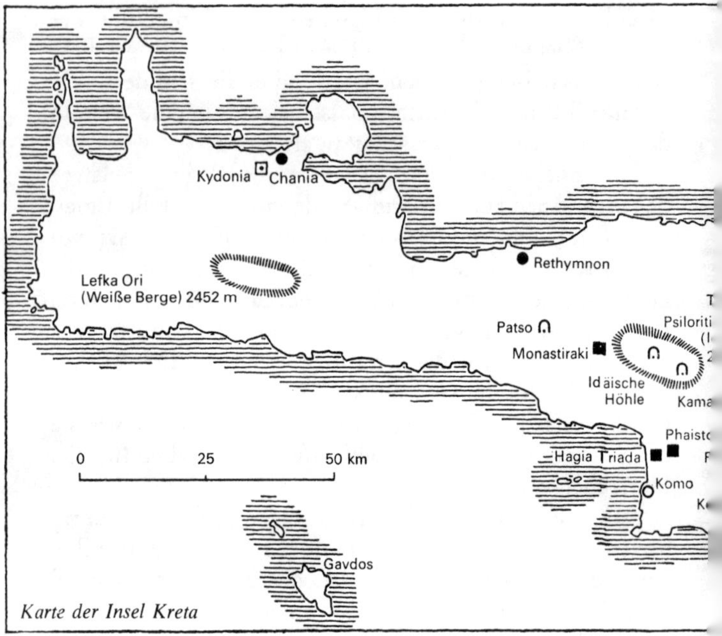

Karte der Insel Kreta

nes Beil, das wie ein Leopard geformt ist. Das Raubtier wirkt grimmig und zugleich gebändigt. Nichts könnte die Einstellung der Kreter zum Kriege besser ausdrükken als dieses Beil. Wildheit ist verwandelt in besonnene Kraft.

Es läßt an die Doppelaxt denken, das heilige Zeichen. Höchstwahrscheinlich war es für die Spitze eines Kommandostabes angefertigt, für ein Zepter. Es gemahnt an Minos und seine Nachfolger, denen die Insel des Zeus und die Meere untertan waren.

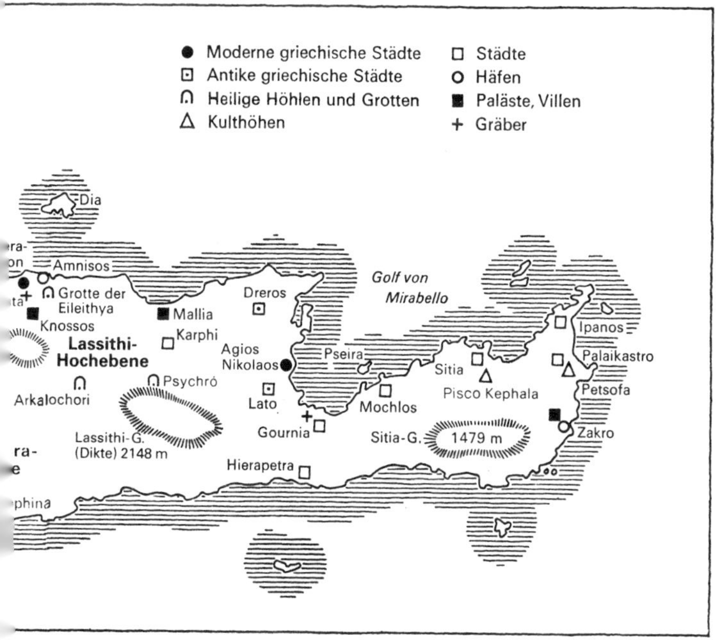

Kreterschiffe an allen Küsten

Kreta ist zwischen drei Kontinente in ein Meer gesetzt, das häufig einen Brandungsgürtel vor die Küsten legt. Wer von Süden oder von Osten auf die Insel zukommt, hat eine Festung mit abweisenden Felsmauern vor sich. Als Zinnen ragen die Gipfel des Ida, des Lassithi-Gebirges und der Weißen Berge (Lefka Ori) auf – mehr als zweitausend Meter.

Die Kreter hatten die Wahl, dem Meer den Rücken zu kehren und abgesondert auf ihrer Insel zu leben oder zu tüchtigen Seefahrern zu werden. Da sie auf Schiffen gekommen waren, entschieden sie sich dafür, weiter auf Schiffen auszufahren und fremde Küsten anzusteuern.

Sie bauten Schiffe mit hochgeschwungenem Heck und Segelmasten. Dreißig Ruder an jeder Seite machten sie unabhängig vom Wind; und in den geräumigen Schiffsbäuchen war Platz für beträchtliche Frachten. Wohin fuhren die Kreter?

Was boten sie zum Tausch an? Woher holten sie sich Waren?

Unter dem Pflaster des großen Palasthofes zu Knossos fand Evans eine seltsame kleine Statue. Sie ist aus Diorit und stellt einen sitzenden Mann dar. Die Inschrift auf der Statue ist ägyptisch.

Auch ein Deckel aus Alabaster, mit ägyptischen Hieroglyphen beschriftet, tauchte auf. Der Deckel trägt den Namen eines Pharao. Er hieß Chian. Chian gehörte zu dem asiatischen Hyksosgeschlecht, das Ägypten erobert hatte und zwischen 1700 und 1600 v. Chr. beherrschte.

Ein ganzer Satz ägyptischer Alabastergefäße wurde unweit von Knossos in einem Felskammergrab entdeckt. Und nicht nur im Minospalast und in seiner Umgebung – in ganz Kreta wurden Gefäße, Schmuck und Geräte gefunden, die aus Ägypten mitgebracht worden waren. Die seltsame Rassel auf dem Krug mit den singenden Söldnern, die zur Ernte ausziehen oder von ihr heimkehren, ist ein Sistrum, ein ägyptisches Musikinstrument. Umgekehrt wurde sehr vieles aus Kreta im Lande der Pharaonen gefunden.

Im Grabe jenes Pharao, der die Hyksos vertrieb, lag unter anderem ein Prunkschwert mit Löwen in gestrecktem Lauf. So wurden Löwen zu jener Zeit nur auf minoischen Waffen dargestellt. Waffen aus Kreta waren am Nil begehrt. Vor allem wurden minoische Gefäße nach Ägypten ausgeführt. Aus vielen Gräbern des Neuen Reiches kamen Vasen, Krüge und Schalen zutage, wie sie besonders in der Höhle von Kamares und im Minospalast entdeckt worden waren: »Eierschalenware, hauchdünn und windgetragen«.

Inschriften erzählen, daß Gesandte aus Kreta Silberringe brachten, Körbe voll Lapislazuli, Prunkgefäße in Form von Löwen-, Stier-, Greif- und Ziegenköpfen, dazu Ketten aus roten und blauen Perlen und prächtige Dolche. Die Texte behaupten, es habe sich um Tribute gehandelt. Das ist Großsprecherei. Niemals haben Pharaonen Kreta unterworfen und tributpflichtig gemacht. Auch die Minoer kamen nicht als Eroberer nach Ägypten. Es war ein reges Geben und Nehmen zwischen beiden Ländern, ein Austausch von Gütern.

Kartusche mit dem Namen des Hyksos-Pharao Chian

Die Kreter brachten Zypressenholz mit, Wein und Öl, Gewebe, Purpur und Waffen. Die Klingen ihrer Schwerter waren unübertrefflich. Sie hatten eine durchlaufende Rippe und waren so meisterhaft gehämmert, daß sie beim Stoß gegen Panzer nicht brachen.

Aus Ägypten nahmen die Kreter Kupfer und Zinn und Silber mit, Gebrauchsgegenstände, edle Hölzer, Fayencen und Elfenbein und Straußeneier. Und goldenen Schmuck!

Von einem sonst völlig zerstörten Fresko fand Evans ein winziges Bruchstück, nicht größer als eine Kinderhand. Die rechte Hälfte des Bruchstücks nehmen drei

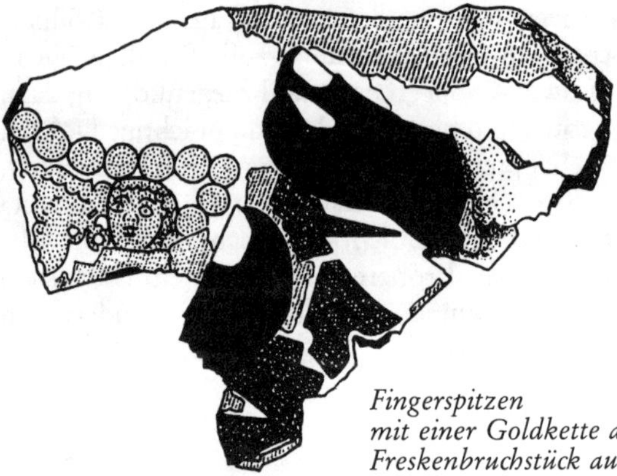

Fingerspitzen mit einer Goldkette aus Afrika. Freskenbruchstück aus Knossos

Finger ein. Sie sind braunrot gemalt, also Männerfinger. Links ist ein Teil einer Kette zu sehen, aus kleinen Goldperlen gebildet, an denen goldene Köpfchen hängen. So winzig die Goldgesichter auch sind, sie verraten die afrikanische Herkunft. Es sind Negerköpfchen mit Ringen in den Ohren. Die drei Männerfinger sind dabei, die Kette zu schließen. Ein Dorn wird in eine Schleife gedrückt. Das Weiß, auf dem die Goldkette schimmert, verrät, daß ein Frauenhals mit dem Gold aus dem Nilland geschmückt wird. So kann ein kleiner Bildrest eine Geschichte erzählen.

Nach der Vertreibung der Hyksos blühte der kretische Handel mit Ägypten auf. Aber auch schon während des Mittleren Reiches, jedenfalls nach 1900 v. Chr., waren minoische Handwerker an den Nil geschickt worden. Zum Neuen Reich wurden die Beziehungen noch enger. Für die Pharaonen der achtzehnten Dynastie arbeiteten minoische Töpfer und Schmiede und Maler. Minoische Händler und Seeleute brachten nicht nur Waren, sondern auch Skarabäen aus Ägypten nach Kreta mit.

Im Grab des Schatzmeisters von Tutmosis III. ist eine Gesandtschaft von Kretern dargestelt. Sie bringen Vasen und Opfergefäße in Form von Tierköpfen. Der zweite

Mann im Keftiu-Zug wird im Text ausdrücklich als Künstler bezeichnet.

Die genauesten Bilder von Keftiu fanden sich im Grabe des Senmut. Er war der Vertraute der Königin Hatschepsut, der einzigen Frau auf dem Thron der Pharaonen. Sie verabscheute den Krieg und erwarb Ruhm durch Werke des Friedens. Sie heilte die Wunden, die dem Lande von Fremdvölkern zugefügt worden waren, sie baute einen herrlichen Tempel und rüstete eine Fahrt in das Weihrauchland Punt aus.

Keftiu bringen Geschenke für den Pharao. Fresko aus dem Grab des Rechmere

Senmut hatte großen Anteil an all ihren Plänen. Ganz sicher waren Hatschepsut und Senmut in besonders enger Verbindung mit den kretischen Königen, die ebensowenig wie sie selbst an Kriegszüge dachten.

Das gilt auch für Echnaton, den Pharao, der mit der Vielgötterei brach und in der Sonnenscheibe das lebenspendende Zeichen des einen Gottes sah, der alles erschaffen hat.

Echnaton wollte wie Hatschepsut in Frieden regieren. Er fühlte sich allen Menschen brüderlich verbunden. Mitten in der Wüste ließ er eine Stadt mit blühenden Gärten anlegen, ein Paradies, in dem auch für Künstler Platz war. Die Stadt hieß »Horizont des Aton«; heute heißt der Platz Amarna. Zu Echnatons Zeiten entstanden dort in den Bildhauerwerkstätten Statuen, die nicht ägyptisch streng wirken, sondern anmutig bewegt. Die Bilder, die Echnatons Maler malten, sind von der Leuchtkraft minoischer Fresken. In Amarna gab es wie in Knossos an den Wänden reichbelebte Landschaften, Vögel im Aufflug, springende Fische, Gräser und Blumen, durch die der Wind streicht.

Ganz sicher hatte Echnaton nicht nur ägyptische Künstler in seiner Residenz. Seine engsten Berater waren Ausländer, die er »aus einem Nichts zu etwas gemacht« hatte. Er war aufgeschlossen für alles Fremde, und er machte keinen Unterschied zwischen Nubiern und Asiaten, Keftiu und Ägyptern. In seinem Sonnenhymnus, den er als Gebet an den einen Gott und Schöpfer gerichtet hat, nennt er die Fremdländer *vor* dem Reich, das er selber regierte. In wenigen Jahren hat sich am Hofe dieses Pharao ein Stil ausgebildet, der auch minoische Züge zeigt.

Minoische Schiffe fuhren nicht nur nach Ägypten. Sie holten Marmor aus Paros und Naxos, Obsidian von der Insel Melos, Blei und Silber von anderen ägäischen Inseln und aus Kleinasien. Die Frachten wurden keineswegs alle nach Kreta gebracht. Für sie standen viele Häfen offen.

Seit etwa 2000 v. Chr. war der kretische Seehandel bedeutend, und ein Jahrhundert lang, zwischen 1900 und 1800, haben kretische Flotten die Ägäis und auch das westliche Mittelmeer beherrscht. Keine Macht konnte ihnen den Vorrang streitig machen.

Kretische Schiffe fuhren über Sizilien hinaus nach Tartessos in Spanien. Bis in römische Zeit wußte man dort von Minos. Kretische Gefäße wurden auf den Liparischen Inseln nördlich von Sizilien entdeckt. Und ein Bronzebarren aus dem minoischen Kreta konnte vor dreihundert Jahren aus einem Hafen an der Südküste Englands aus dem Schlick gehoben werden.

Vor allem liefen Kreterschiffe auch asiatische Häfen an. In Palastarchiven wurden am oberen Euphrat Keilschriftbriefe gefunden, in denen von Kreta die Rede ist: von Kostbarkeiten, die von Knossos zum Palast von Mari gebracht worden waren. Die Schiffe beförderten nicht nur Handelsgüter. Auch Anregungen brachten die Seefahrer mit. So stammt etwa der Brauch, Kulthörner auf Dächer zu pflanzen und Doppeläxte aufzustellen, aus Asien.

In unseren Tagen grub der Archäologe J. Mellaarts in der Türkei das Heiligtum von Catalhüyük aus. Er legte einen Kultraum frei, der um Jahrtausende älter ist als der Minospalast, dessen Dächer mit steinernen Doppelhörnern geschmückt waren. Solche Hörner fand Mellaarts in Catalhüyük. Sie hatten die Wände des Kultraums geschmückt, auch Pfeilerstümpfe, die vor diesen Wänden standen. Mellaarts konnte den Beweis erbringen, daß der Stierkult, der auf Kreta eine so bedeutende Rolle spielte, im östlichen Kleinasien bis ins sechste Jahrtausend v. Chr. zurückreicht.

Auf allen Gebieten kam es zwischen asiatischen Ländern und Kreta zu einem Austausch. Der rege Briefwechsel zwischen den Palästen Asiens ist zum Teil erhalten. Er wirft auch auf die Beziehungen asiatischer Residenzen zum Palast von Knossos ein Licht.

In einem Brief ersucht der König von Ugarit den König von Jamchat, für ihn eine Einladung zum Besuch des Palastes von Mari, von dessen Pracht er viel gehört habe, zu erwirken. Nach Ugarit fuhren Kreterschiffe ebenso wie nach Byblos.

Sie fuhren über das offene Meer. Das war weniger gefährlich als Küstenschiffahrt, die von Klippen bedroht ist. Da mehrere Jahrhunderte lang Kreterschiffe auch vor Seeräubern sicher sein konnten, blühten Knossos und die andern kretischen Paläste auf. Die Städte um die Residenzen vergrößerten sich beträchtlich. Die Paläste wurden zu Handelszentren.

Der zunehmende Reichtum ermöglichte erstaunlichen Luxus. Bäder und Kanalisation waren selbstverständlich.

Die Ausgräber haben festgestellt, daß das Badezimmer der Königin zu Knossos zunächst ein Wohnraum gewesen war, der erst später mit Wanne und Abflußrinnen ausgestattet wurde.

Springbrunnen wurden angelegt und Schautreppen rings um die Plätze, auf denen Spiele und Wettkämpfe stattfanden. Für die Vornehmen standen Gästehäuser und Sänften bereit – Esel für die gewöhnlichen Leute. Erst spät kam das Pferd in die minoische Welt.

Evans fand im sogenannten Kleinen Palast einen zerbrochenen Siegelabdruck, von dem glücklicherweise das Mittelstück erhalten blieb. Der Abdruck zeigt ein Ruderschiff mit Mast, ein großes Schiff also. Ein Pferd wird auf dem Schiff befördert. Es ist beinah so groß wie das Schiff dargestellt, so wichtig war dem Künstler das Pferd, dessen Mähne in wehende Büschel gelegt ist. Das Schiff gehört ihm allein. Evans nannte den Siegelabdruck »Das Kommen des Pferdes«. Eine neue Zeit stand für Kreta bevor.

Baderaum der Königin im Palast zu Knossos. Rekonstruktion

Denn das Pferd wurde nach Kreta von denen gebracht, die auf Pferden den weiten Weg aus dem Donauland bis nach Mykenä, Tiryns und Pylos gezogen waren, von den Achäern. Auch sie hatten, nachdem sie in festen Burgen seßhaft geworden waren, Schiffe gebaut. Seit etwa 1800 v. Chr. segelten sie wie die Kreter nach Ägypten und Asien und den ägäischen Inseln. Es gibt keinen Zweifel, daß sie auch nach Kreta kamen; vermutlich fuhren sie sogar in kretischen Diensten.

Die Herren von Knossos waren so mächtig, daß ihr Wort an allen Küsten gehört wurde. Viele Herrscher sandten Geschenke zum Palast des Minos – und auch Tribute. Es kam eine Zeit, in der die Achäer abhängig von Kreta wurden und ihre Freiheit durch die minoische Macht bedroht sahen. Das spiegelt sich in den griechischen Sagen, die von Kreta erzählen, wider.

In den frühesten Zeiten blickten die Achäer voll Bewunderung zur Insel hinüber, die von Minos regiert wurde, dem Sohn und Vertrauten des Zeus. Minos war auch für sie das Vorbild des weisen Königs. Sein Palast war das heilige »Haus der Doppelaxt«. So stellen es Homer und Hesiod dar, die ältesten griechischen Dichter, wenn

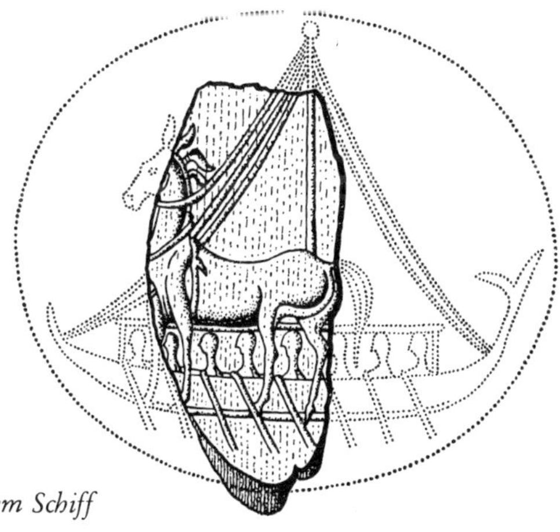

Siegelabdruck aus Knossos: Pferd auf einem Schiff

sie von den Zeiten des Anfangs berichten, und auch bei Thukydides, dem Geschichtsschreiber, ist das so zu lesen.

Spätere Dichter und Historiker erzählen eine Minos-Sage, bei der alles ins Gegenteil verkehrt ist: der göttliche Herrscher in einen grausamen Tyrannen und das »Haus der Doppelaxt« in die Höhle eines Ungeheuers, an das besonders die Athener mit Entsetzen dachten.

Die Sage von Dädalos, Theseus und Ariadne

Zu der Zeit, da der Zweite Minos über Kreta herrschte, regierte in Athen König Ägäus. Er hatte seinen Sitz auf der Akropolis, der Oberstadt auf dem felsigen Burgberg.

Dort lebte auch ein Mann namens Dädalos, der von der Mutter her aus königlichem Blut stammte und als Bildhauer, Werkmeister und Erfinder gleich überragend war. Er schuf Götterbilder mit Händen und Füßen aus Elfenbein und goldenen Gesichtern, deren Schönheit und Glanz die Gestalten lebendig erscheinen ließ. Dädalos war berühmter als alle anderen Künstler.

Sein Meisterschüler war Kalos, der Sohn seiner Schwester, die Perdix hieß, das heißt Rebhuhn. Kalos lernte rasch, und es sah so aus, als werde er Dädalos einmal an Kunstfertigkeit übertreffen. Dädalos überraschte ihn dabei, wie er einen Schlangenkiefer vom Boden aufhob, die Reihe der spitzen Zähne nachdenklich ansah, in die Werkstatt ging, in ein Messer Zähne feilte und so die Säge erfand; oder wie er einen gegabelten Zweig nahm, das eine Ende in den Sand steckte, um mit dem andern mühelos einen Kreis abzuzirkeln. Der Meister begann um seinen Ruhm als größter Erfinder seiner Zeit zu zittern.

Und eines Nachts, als der Mond sich weigerte, die Erde

zu erhellen, führte Dädalos seinen Neffen an den Felsrand der Akropolis, angeblich, um ihm einen neu entdeckten Stern zu zeigen. Als Kalos den Blick zum Himmel erhoben hatte, stieß Dädalos ihn in den Abgrund. Dann floh er, weil er wußte, daß ein gemeiner Mörder in Athen keine Gnade zu erwarten hatte. Unerkannt entkam er auf einem Schiff nach Kreta, und der Zweite Minos nahm den Kunstfertigen bei sich auf, um ihn sich dienstbar zu machen. Für Ariadne, die Königstochter, legte Dädalos einen Spielplatz an. Für den Minotauros aber, ein Ungeheuer halb Mensch, halb Stier, das die Königin Pasiphae nach dem Umgang mit einem weißen Stier geboren hatte, ließ König Minos den Griechen ein Labyrinth erbauen, einen unterirdischen Irrgarten, aus dem niemand, der dorthin gebracht wurde, ohne Hilfe wieder herausfinden konnte. Im innersten Winkel hauste Minotauros und wartete auf die Menschenopfer, mit denen Minos ihn zu besänftigen suchte. Denn in seiner Wildheit schleuderte das Ungeheuer im Erdinnern Felsbrocken gegen die Wände des Labyrinths, daß es fürchterlich dröhnte und der Palast des Königs erschüttert wurde.

Minos holte sich die Opfer, die er dem Minotauros vorwarf, von fremden Küsten. Und als ihm der Sohn bei Wettkämpfen in Athen von Neidern erschlagen wurde, verlangte Minos als Sühne Jahr für Jahr von den Athenern sieben Jünglinge und sieben Mädchen.

Der schreckliche Tribut war zum dritten Male fällig geworden, als Theseus, der Sohn des Königs Ägäus, auf dem Plan erschien. Kein Athener hatte von ihm gewußt. Theseus war bei seiner Mutter aufgewachsen, der Königstochter Äthra, der sich Ägäus auf dem Heimweg von Delphi in Liebe verbunden hatte. Für den Sohn hatte Ägäus sein Schwert und seine Schuhe zurückgelassen, versteckt unter einem gewaltigen Felsblock. Zum Manne herangewachsen, hatte Theseus den Block weggewälzt und auf dem Weg nach Athen mit dem Schwert des Vaters eine Reihe von Heldentaten vollbracht. Vom Vater war er am Schwert sogleich erkannt und seiner Taten wegen zum Mitregenten erhoben worden.

Als nun Theseus die sieben jungen Männer und Mädchen das Schiff mit den schwarzen Segeln besteigen sah, das sie nach Kreta bringen sollte, entzündete sich am allgemeinen Jammer sein kühner Sinn, und er bot sich an, mit den Unglücklichen zu ziehen und sie aus der Gefahr zu erretten. Sein Vater Ägäus beschwor ihn, bei der Rückkehr weiße Segel aufzuziehen, um den glücklichen Ausgang des Abenteuers anzukündigen.

In Kreta ging Theseus als erster von Bord. Vor allen andern betrat er den Minospalast. Und da erblickte ihn Ariadne, und ihr Herz entschied sich für ihn. Als Theseus darauf bestand, als erster in das Labyrinth geschickt zu werden, schenkte Ariadne ihm ein Fadenknäuel, das er beim Eindringen in die Gänge abwickeln und mit dessen Hilfe er den Rückweg aus dem Irrgarten finden konnte. Das Fadenknäuel hatte Ariadne von Dädalos bekommen. Auch ihren wunderbaren Stirnreif, der im Dunkeln zu leuchten begann, gab Ariadne Theseus mit. So gerüstet, erschien er vor dem Minotauros, und in furchtbarem Kampf erwürgte er das Ungeheuer mit bloßen Händen. An den Hörnern schleifte er es aus dem Labyrinth.

Damit war des Zweiten Minos unheimliche Macht zerbrochen. Auf dem Schiff, das Theseus mit den vierzehn Geretteten bestieg, verließ auch Ariadne Kreta. Theseus wollte sie zur Königin von Athen erheben. Doch auf der Insel Naxos, auf der sie ihre Fahrt unterbrachen, machte Dionysos dem Glück ein Ende. Ihm war Ariadne von Minos versprochen worden. Nun erschien der gekränkte Gott, entführte die schlafende Ariadne und warf, als ihm sein Anschlag geglückt war, Ariadnes Stirnreif in den Himmel, wo er seitdem als Sternbild glänzt.

Theseus war außer sich vor Kummer, und er vergaß, die weißen Segel aufzuziehen, als sie sich Athen näherten. Ägäus erblickte vom Vorgebirge das Schiff mit den

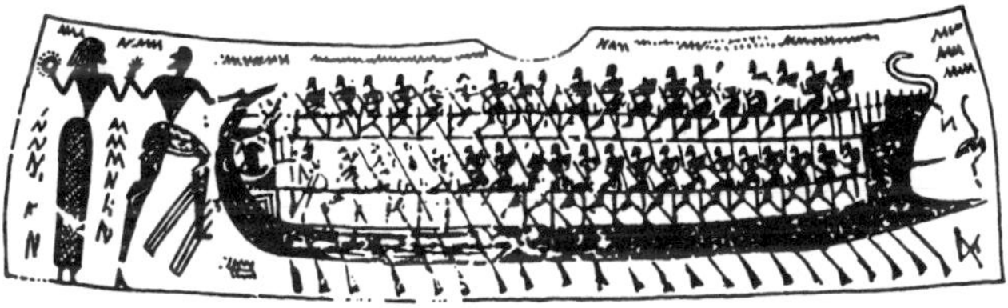

Theseus und Ariadne (mit dem Hochzeitskranz) besteigen das athenische Schiff. Abrollung von einer Vase aus Theben

schwarzen Segeln und stürzte sich, von Schmerz überwältigt, ins Meer.

Theseus aber, der Befreier, wurde von den Athenern mit großen Ehren empfangen. Aus dem Helden wurde ein weiser König, der Athen mächtig machte und der Stadt dauerhafte Gesetze gab.

Für Minos auf Kreta waren die Zeiten der Macht und des Glücks vorbei. Ariadne hatte ihn verlassen, sein Sohn war tot. Und sein Sinn verdüsterte sich so, als habe Theseus ihn und nicht den Minotauros besiegt.

Er ließ Dädalos und dessen Sohn Ikaros in ein Verlies werfen, das weder Türen noch Fenster noch ein Dach hatte. Bis zu seinem Ende sollte Dädalos dafür büßen, daß er Ariadne das Fadenknäuel für Theseus gegeben hatte.

Doch der listenreiche Dädalos fertigte für seinen Sohn und sich Flügel aus Federn und Wachs an, mit denen sie sich aus dem Verlies erheben und über das Meer entweichen konnten. Freilich erreichte nur Dädalos sein Ziel. Ikaros stieg, taub für die Warnungen seines Vaters, zu hoch in die Lüfte. Da schmolz das Wachs, das die Federn zusammenhielt, von der Glut der Sonne, und Ikaros stürzte ins Meer.

Die Erbitterung des Kreterkönigs war so groß, daß er sich selbst auf den Weg machte, um Dädalos aufzuspüren. Auch er hatte sich eine List ausgedacht. Außer vielen Schätzen führte er eine Muschel mit verwickelten Windungen bei sich – und einen Faden. Und wohin er auch kam, verkündete er: Wem es gelänge, den Faden von einer winzigen Öffnung am Ende der Muschel durch alle Windungen zu führen, den wollte er mit Gold überhäufen.

Minos kam auch nach Sizilien. Dort war Kokalos König. Und Kokalos sagte gleich, er habe unter seinen Künstlern einen, der weit erfinderischer als alle anderen sei. Und er gab Muschel und Faden dem Dädalos, der in seiner Burg Zuflucht gefunden hatte.

Dädalos hatte sofort den richtigen Einfall. Er band an das Ende des Fadens eine Ameise, ließ sie durch das winzige Loch ins Muschelinnere kriechen und den Faden durch alle Windungen ziehen. Nachdem die Ameise aus der Muschelöffnung gekommen war, gab Dädalos ihr zum Dank die Freiheit und überreichte die eingefädelte Muschel König Kokalos. Der brachte sie voll Stolz dem Kreterkönig zurück.

Minos war nun sicher, daß sich Dädalos in der Burg versteckt hielt, und er verlangte von Kokalos die Auslieferung des Treulosen, damit er ihn bestrafen könne. Der sizilianische König versprach, den Wunsch seines Gastes innerhalb von Wochenfrist zu erfüllen. Doch hatte er wenig Lust, sich des Unvergleichlichen zu berauben. Er veranstaltete für Minos ein Fest und ließ ihm durch seine Töchter ein Bad bereiten. Und die Töchter verbrühten, angestiftet durch Dädalos, den kretischen König: Im Bade, dessen Decke tückische Fenster hatte, fand der Zweite Minos unter Sturzbächen kochenden Wassers ein schreckliches Ende. Dädalos aber dankte dem Kokalos für seine Errettung durch neue Werke seiner Kunstfertigkeit, die beispiellos war – nicht nur für seine Zeit.

Kreta – ein Buch mit tausend Siegeln

Theseus, der griechische Held, hat den Minotauros im Labyrinth besiegt und die Athener vom Joch eines schauerlichen Tributs befreit, Dädalos, der erfindungsreiche griechische Künstler, hat den Zweiten Minos endgültig überwunden. So erzählt es die Sage.

Auch von Troja hatte die Sage erzählt. Agamemnon und Helena, Achill und Odysseus waren»bloße Sagengestalten« gewesen – bis Schliemann das wirkliche Troja gefunden hatte und in den Königsgräbern von Mykenä wirklichen Achäern begegnet war. Hatten auch Theseus und Dädalos wirklich gelebt? Waren Griechen der Frühzeit nach Kreta gekommen, um die Macht des Minos zu erschüttern? Hatten sie in der Tat über ihn triumphiert, wie es die Sage und die Dichter der Griechen berichten?

Was wissen wir heute darüber, nachdem durch Evans das Labyrinth freigelegt ist und eine Reihe bedeutender Archäologen Kreta durchforscht, Tausende von Funden aus der Erde geholt und wichtige Entdeckungen gemacht haben?

Es steht fest: Sie sind auf die Spur von »Theseus« gestoßen. Auf minoischem Boden wurde vieles entdeckt, das nicht minoisch, sondern frühgriechisch ist; und nicht nur Waffen, Geräte, Schmuck und Gefäße, sondern auch Gräber und Bauten. Also mußte es eine Zeit gegeben haben, in der sich Achäer auf der Insel des Minos festsetzten.

Der endgültige Nachweis dafür fand sich auf gebrannten Tontäfelchen mit Schriftzeichen. Nicht die Ausgräber, sondern die Sprachforscher hatten in dieser Sache das letzte Wort. Und so muß in diesem Kapitel die dramatische Geschichte von der Entzifferung der minoischen Schrift erzählt werden.

Der Anfang der Forscherarbeit wurde mit den kretischen Siegeln gemacht. Evans war nach Kreta gegangen, weil er erwartet hatte, dort den Schlüssel für die rätselhaften Zeichen auf Siegelsteinen und Siegelringen zu finden. Jahrelang hatte er Siegel und Siegelabdrücke gesammelt, wo immer er ihrer habhaft werden konnte. Einfachste und kostbarste Stücke waren schließlich seiner Sammlung einverleibt. Und dann zeigten ihm die Fresken, auf denen Minoer zu sehen waren, daß im alten Kreta Siegel von jedermann wie Erkennungszeichen am Handgelenk getragen wurden.

Da die kretische Bevölkerung in der Zeit der minoischen Paläste rasch zunahm, wurden Tausende neuer Siegel nötig; ganz offenbar wurden Siegelabdrücke anstelle des Namens unter Verträge und Briefe gesetzt, was ihre unwahrscheinliche Vielfalt erklärt.

Minoisches Siegel

Auf den Siegeln aus Achat oder Elfenbein, Steatit, Bergkristall, Jaspis, Karneol, Amethyst oder einfacherem Stein ist alles zu sehen, womit die Minoer zu tun hatten oder was sie sich ausdachten. Und es gibt bei Tausenden und aber Tausenden von Siegeln nicht zwei, die einander gleichen. Dargestellt sind Häuser, Köpfe, Hörner, Pflanzen und Sterne; Handwerkszeug aller Art; Vögel, Katzen, Skorpione und Purpurschnecken, Affen und Steinböcke; ganze Szenen: da hockt ein unglaublich dicker Mann vor einem dreibeinigen Spielbrett und rückt einen Stein; ein

Fisch schiebt Algen beiseite, um seinen Laich abzusetzen; drei kahle Bäume werden vom Wind gepeitscht; Hunde fallen einen Hirsch an, Löwen schlagen Stiere; Dämonen mit Geweihen am Rücken oder großen Schmetterlingsflügeln am Kopf erscheinen; ein Faustkämpfer schlägt seinen Gegner nieder; ein Stierspringer wagt eben den Todessprung. Alles – mit Ausnahme von Kriegsszenen – findet sich auf diesen kleinen Siegeln. Zusammen ergeben sie ein Bilderbuch, zu dem der Text noch gefunden werden muß.

Die ältesten kretischen Siegel stammen aus der Zeit um 2000 v. Chr. Von Siegelzeichen sind auch die beiden Seiten einer gebrannten Tonscheibe bedeckt, die im Süden Kretas aus einer Fundschicht des frühen sechzehnten Jahrhunderts zutage kam. Seit fünfzig Jahren ist diese Scheibe als Diskos von Phaistos bekannt.

In Phaistos, dem zweitgrößten minoischen Palast, gruben italienische Archäologen unter Leitung von Federigo Halbherr etwa zu gleicher Zeit wie Evans in Knossos.

Pernier, Halbherrs wichtigster Mitarbeiter, legte Anfang Juli 1908 einen Vorratsraum frei, der rechteckig war. Am Abend des dritten Juli stieß er auf eine zerbrochene Schrifttafel und gleich darauf auf die runde Scheibe, die einen Durchmesser von sechzehn Zentimetern hat und zwei Zentimeter dick ist. In spiralförmiger Anordnung sind auf beiden Seiten Bildgruppen in einundsechzig Feldern untergebracht. Der Text setzt sich aus fünfundvierzig Zeichen zusammen, aus Menschen- und Tierköpfen, ganzen Menschen, Pflanzen, Vögeln, einem Krug, einer Scheibe mit sieben Löchern, einem Fisch und Blüten und Zeichen, von denen sich nicht sicher sagen läßt, was sie darstellen.

Seit der Diskos entdeckt ist, haben sich viele an seiner Entzifferung versucht – als einer der ersten Arthur Evans. Er vermutete den Anfang zunächst in der Mitte der Scheibe. Doch hätte die Schriftspirale in diesem Fall in einem langen Keil am Rande glatt auslaufen müssen. Das

Der Diskos von Phaistos. Ritz- oder Stempelzeichen der Vorderseite...

war nicht so. Hingegen ist in Randnähe auf beiden Seiten ein Knick an der gleichen Stelle, genau dort, wo die erste Zeile aufhört und die zweite beginnt. Von diesem Sprung läuft der Text ohne Störung durch bis zur Mitte. Die Richtung der Schrift wurde durch weitere Anhaltspunkte gegeben: Die Figuren stünden kopf, wollte man in der Mitte zu lesen anfangen. Und dort, wo sich Zeichen überschneiden, wird es ganz eindeutig. Die Zeichen sind nämlich eingestempelt, also gedruckt; und wo der Drukker schlampig gearbeitet, d.h. mit einem Zeichen ein anderes verletzt hat, ist das überstempelte natürlich das vorhergehende Zeichen. So war die Schriftrichtung geklärt: Wie bei einer Schallplatte liegt der Anfang am Rande.

Aber was bedeutet der Text? Aus verschiedenen Zeichen schloß Evans auf eine Siegeshymne und später auf ein kultisches Lied. Ein deutscher Forscher, Ernst Sittig, ging vorsichtiger ans Werk. Er hatte sich seit Jahrzehnten um die Enträtselung kretischer Schriften bemüht und war gut vorbereitet. Mit dreiundzwanzig Jahren beherrschte er zehn antike und sechs moderne Sprachen. Auf Zypern fand er einen durchgesägten Zweisprachenstein, halb grie-

...und der Rückseite (nach Dohlhofer)

chisch, halb in der Sprache, die in vorgeschichtlicher Zeit auf Zypern gesprochen worden war. Während des ersten Weltkrieges hatte Sittig reiche Erfahrung im Entziffern militärischer Geheimschriften gewonnen. 1950 ging er von neuem daran, das Diskos-Geheimnis zu enträtseln. Es gelang ihm, bei einer Reihe von Zeichen die Bedeutung zu ermitteln. Da riß ihn der Tod aus der Arbeit.

Auch andere nahmhafte Forscher, die an der Entzifferung der »kretischen« Schrift arbeiteten, blieben im Grunde erfolglos. Nur eins war klar: Es hatte im alten Kreta nacheinander drei verschiedene Schriften gegeben. Die älteste war eine Bilderschrift wie die Hieroglyphen der Ägypter. Auf sie folgte eine Silbenschrift, die von den Forschern Linear-A genannt wird. Aus dieser Linear-A hat sich die Linear-B-Schrift entwickelt, mit der die Tontäfelchen in den Palastarchiven beschrieben sind.

Die Linear-B lockte die Forscher am stärksten. In ihr waren die meisten Texte zur Hand. Evans hatte fast dreitausend beschriebene Täfelchen im Palast zu Knossos entdeckt. Freilich gab er bis 1926 nur hundertzwanzig bekannt. Der Finne Sundwall, ein großer Entzifferer, erregte Evans' Unwillen, als er 1932 und 1936 achtunddreißig Täfelchen kopierte. Wegen dieser Haltung wurde der Ausgräber von Knossos angegriffen, auch von den beiden Forschern, denen die Entzifferung schließlich gelang. Sie schrieben: »Zwei Generationen von Gelehrten waren um die Gelegenheit betrogen worden, gründlich am Problem der Entzifferung von Linear-B zu arbeiten.« (Ihr Werk, in dem sie die endgültige Lösung bekanntgaben, widmeten sie Schliemann, nicht Evans, obgleich sie beide Engländer waren wie er.)

Altkretische Bilderschrift

Der eine von ihnen hieß Michael Ventris.

1936 hörte er als vierzehnjähriger Schüler einen Vortrag, den Evans in London hielt. Ganz sicher hörte kein anderer im Saal mit glühenderem Interesse zu. Vier Jahre später veröffentlichte der Student Ventris den ersten Versuch einer Entzifferung. Aber er war auf falscher Fährte. Er glaubte, beim Diskostext handle es sich um eine etruskische Sprache – für einen Achtzehnjährigen keine

Schrifttäfelchen aus Knossos, links in der älteren Linear-A-Schrift, rechts Linear-B-Schrift

Schande. Bedeutende Wissenschaftler hatten die Zeichen auf kretischen Siegeln für hethitisch, baskisch, albanesisch, für alles mögliche gehalten. Zwischen 1900 und 1950 »versuchten sich an der Lösung des Rätsels angesehene Gelehrte, talentierte Amateure und Wirrköpfe aller Art aus jenen Randgebieten der Archäologie, wo diese in Wahnsinn übergeht.« So berichtet Ventris.

Es gab kaum einen Irrweg, der nicht eingeschlagen wurde. 1927 meldete Cowley, der Mitentzifferer der hethitischen Hieroglyphen, ihm sei die Lösung für sechs kretische Zeichen geglückt. Da entdeckte Blegen in Pylos, also auf griechischem Boden und nicht auf Kreta, ein reiches Archiv von Tontäfelchen mit den gleichen Schriftzeichen wie auf den Täfelchen von Knossos. Evans erklärte sofort, diese Täfelchen seien aus Kreta entführt worden oder sie stammten von Kretern, die als Einwanderer eine kretische Kolonie auf dem griechischen Festland gegründet hatten.

Die sechshundert Täfelchen aus Pylos, dem Sitz des greisen homerischen Helden Nestor, wurden 1940 mit dem letzten amerikanischen Schiff, das aus dem Mittelmeer auslief, in die Staaten gebracht und alsbald veröffentlicht. Eine Amerikanerin, Alice Kober, Mathematikerin und Naturwissenschaftlerin, die einen Vorstoß in das Geheimnis versuchte, kam zur Erkenntnis, daß es sich um eine unbekannte Schrift in einer unbekannten Sprache handle. Sie gab auf, »denn aus nichts kann nichts werden«. Aber sie hatte sich getäuscht. Und sie selber war es, die den ersten Schritt »auf einem unmöglichen Wege« tat. Ihr war nämlich aufgefallen, daß gleiche Worte auf den Täfelchen in abgewandelter Form auftraten – wie in unserer Sprache: der Hund, des Hundes, dem Hunde usw. Es mußte sich also um eine Sprache handeln, bei der die verschiedenen Fälle durch eine Veränderung der Endsilbe angezeigt werden. Das schloß viele Sprachen von vornherein aus. Zum ersten Male war das Netz enger gezogen.

Alice Kober hatte tatsächlich ein Netz angelegt, einen Raster, in dessen Felder sie nach einem ausgeklügelten System Worte setzte. Ventris ergänzte dieses Sprachgitter nach mehreren Seiten, und immer mehr Worte gingen ihm in das Netz.

Ventris war Flieger im Kriege gewesen und hatte Architektur studiert. Als ihm die Funde von Pylos zu Gesicht kamen, gab er die Idee auf, es könne sich um etruskische Worte handeln.

Von Januar 1951 bis Juni 1952 versandte er an rund zwanzig Mitforscher seine Zwischenergebnisse und forderte Kritik heraus. 1952 wurde endlich durch einen Mitarbeiter von Evans, John Myres, der zweite Band der minoischen Schriftdenkmäler herausgebracht. Das Vergleichsmaterial war nun erheblich größer. Immer mehr »Fische« gingen Ventris ins Netz. Manche setzte er in zwei oder auch in drei Felder, wenn die Lesung noch nicht eindeutig war.

Da fand er, der Architekt, in John Chadwick einen Helfer, der Philologe war. Mit achtzehn Jahren hatte er Tibetanisch gelernt, Neugriechisch und Sanskrit. Während des Krieges lernte er »in der Freizeit« Japanisch. 1946 sprach er die Vermutung aus, mit der Linear-B sei ein sehr altes Griechisch wiedergegeben.

Die Zusammenarbeit zwischen Ventris und Chadwick war unglaublich intensiv und erfreulich. Chadwick schildert sie so: »Der Durchbruch war allein das Verdienst von Ventris. Aber die bloße Bestimmung der Lautwerte war erst ein Anfang, und bei der überaus schwierigen Aufgabe, die entzifferten Wörter in verständliches Griechisch zu übertragen, arbeiteten wir als ebenbürtige Partner, schickten einander unsere Vorschläge zu und hatten oft unabhängig voneinander die gleichen Einfälle.«

Schließlich gelang es. Durch scharfsinnige Anwendung einer statistischen Methode, die das Gitternetz immer engmaschiger machte, traten die verschiedenen Worte deutlich hervor. Die Worte sind bei der Linear-B durch

Trennzeichen voneinander abgegrenzt. Achtundzwanzig Zeichen konnten allmählich ermittelt werden, die vorwiegend an den Trennstrichen standen, also am Wortanfang oder Ende des Wortes. Durch eine Unmenge von Einzelbeobachtungen bestätigte sich, daß hinter den Zeichen ein Griechisch stand, urtümlicher als das Griechisch der Ilias und Odyssee.

1952 gaben Ventris und Chadwick ihre Entdeckung bekannt. Sie fanden nicht nur Zustimmung. Auch Blegen hatte Bedenken. Aber als in diesem Jahre zu Pylos noch weitere vierhundert Schrifttäfelchen gefunden wurden, die nach dem von Ventris und Chadwick entdeckten Schlüssel gelesen werden konnten, war die Anerkennung allgemein. Die Entdeckung wurde als eine der bedeutendsten Forschertaten unseres Jahrhunderts gefeiert. Ventris hat den Triumph nur um drei Jahre überlebt. Mit vierunddreißig Jahren verunglückte er tödlich.

Heute steht fest, daß sich die Linear-B aus der Linear-A entwickelt hat. Achtundvierzig Zeichen sind beiden Schriften gemeinsam. Man weiß heute auch, daß die Linear-Schriften von etwa 1700 v. Chr. bis zum Ende der minoischen Paläste in Gebrauch waren.

Die Zeichen der älteren Silbenschrift sind meist in Stein oder Metall geritzt, in Goldringe graviert und auf Vasen mit Tinte gekritzelt. Die Linear-B hat sich vor allem auf Tontäfelchen erhalten. Ohne Zweifel wurde auch auf Leder und Papyros geschrieben. Eine Überlieferung weiß zu berichten, daß Dattelbäume auf Kreta nicht vor allem der Früchte wegen gepflanzt worden seien, sondern damit genug Schrift-»Blätter« für die Kanzleien zur Verfügung standen. Schludrig hingesetzte Inschriften lassen Schreiber vermuten, die viel zu tun hatten.

Nachdem Hunderte von Täfelchen entziffert waren, ließ sich absehen, daß nicht ein Text eine Geschichte oder ein Gedicht enthielt. Es handelt sich ausnahmslos um nüchterne Angaben, wie man sie in Steuerarchiven oder Buchhaltungen findet. Über alle Eingänge ist genau Buch geführt. Maßeinheit ist das Schaf, das für die Kreter als Lieferant von Fleisch, Wolle, Milch und Mist wichtig war. Es gab auch Kupferbarren von bestimmtem Gewicht, in Form von Rinderhäuten gegossen. Die Steuerzahler sind mit ihren Namen aufgeführt, am rechten Rand der Tontafel stehen die Zahlen. Gerechnet wurde wie bei uns nach dem Dezimalsystem, mit dem sich auf einfache Art auch Brüche darstellen lassen. Lieferungen von Getreide oder anderen Gütern sind genau registriert. Da heißt es z. B. »Eingeführte weiße Gewebe mit roter Borte – 35«. Das Bildzeichen für Gewebe war der Webstuhl. Sehr viel ist über die Erträge des kretischen Bodens zu erfahren: daß Weizen, Hirse und Gerste angebaut wurden; daß der Bestand an Olivenbäumen beträchtlich war. (Auf Reichtum an Öl deuten auch Sammelrinnen in den Speicherräumen.) Safran wurde nach Gewicht verkauft, Honig in Hohlmaßen, deren Größe durch eine bestimmte Anzahl von Bienen bezeichnet ist. Erstaunlich war die Größe der Herden. In einem Text ist von zwanzigtausend Schafen und siebenhundert Schweinen die Rede. Rüstkammern geben ihre Geheimnisse preis: wie viele Lanzen, Pfeile, Schwerter, Wagen, Geschirre bereitgestellt waren. Auch Berufe sind aufgeführt: Es gab Ärzte, Bäcker, Küfer, Goldschmiede, Bogenmacher, Holzfäller, Jäger, Maurer, Köche, Ruderer, Schiffbauer, Grobschmiede, Schreiber, Schreiner, Schneider, Töpfer, Färber, Walker und Zimmerleute.

Die Verwaltung spielte im Minospalast eine große Rolle. Allerdings dachte man nicht daran, Aufzeichnungen für die Ewigkeit zu machen. Die Zeichen wurden in weichen Ton geritzt, die Täfelchen trockneten an der Luft und zerfielen nach einiger Zeit – soweit sie nicht bei Palastbränden nachträglich gehärtet wurden.

Die Linear-B war also eine reine Palastschrift. Kein Minoer trug je ein Siegel mit Linear-B-Zeichen. Die frühen Kreter konnten diese Schrift nicht lesen – außer den Palastschreibern. Sie war eine Geheimschrift in einer Sprache, die nicht auf der Insel, sondern in Griechenland heimisch war.

Funde beweisen, daß diese Schrift in Griechenland an vielen Stellen in Gebrauch war, nämlich in allen Burgen, in denen Achäerfürsten saßen. Auf Kreta wurde sie nur an einer Stelle verwendet: im Palast zu Knossos, und zwar erst nach 1500 v. Chr. Für diesen Sachverhalt gibt es nur eine Erklärung: Im Reiche des Minos müssen seit etwa 1500 die Achäer die Herren gewesen sein. Sie, die lange in den Diensten der Kreterkönige gewesen waren, hatten der minoischen Vorherrschaft in der Ägäis ein Ende bereitet. Eines Tages überrannten sie die Insel und bemächtigten sich der Paläste. Spuren in Knossos deuten darauf hin, daß ihnen ein Erdbeben zu Hilfe kam, wie es vor Troja gewesen war. Evans fand große Steine, die das Haus eines Lampenmachers unter sich begraben hatten, als sie vom Mauerkranz geschleudert worden waren.

Kretische Schriftzeichen, mit Tinte auf die Innenseite eines Bechers gekritzelt

Seit etwa 1500 herrschten über Kreta nicht mehr Söhne des Minos, sondern Achäer. Einer von ihnen hieß Idomeneus und zog mit Agamemnon, Odysseus, Menelaos und Nestor nach Troja. Nach 1500 wurden auf Kreta mykenische Kuppelgräber errichtet; die Waffenfunde nehmen um diese Zeit zu.

Umgekehrt kamen nun noch mehr kretische Künstler

nach Griechenland. Auch in Tiryns und in anderen mykenischen Burgen wurde nun der Stiersprung an Wände gemalt. Auf mykenischen Goldbechern tauchten Darstellungen von Stieren auf, wie sie vorher nur auf minoischen Gefäßen zu sehen waren – neben Bäumen, die nur auf Kreta wuchsen.

Unter der Herrschaft der Achäer verfielen – mit Ausnahme von Knossos – die kretischen Paläste. Phaistos und Mallia, die nach alter Überlieferung von den Brüdern des Minos, Radamantes und Sarpedon, gegründet waren, hatten ihren Sinn verloren, da über das ganze Land Fremde zu Herren geworden waren, die von einer Stelle aus die Insel beherrschten. Die kleinen Inseln vor der Nordküste Kretas, zu minoischer Zeit durch die Zucht von Purpurschnecken berühmt, wurden zu »leeren Orten«.

Mit dem Eindringen der Achäer ging auf Kreta eine Hochkultur zu Ende, die über sechs Jahrhunderte geblüht hatte. Die feingliedrigen, dunkelhaarigen Menschen, deren Anmut, heiterer Sinn und Kühnheit uns auf vielen wiedergefundenen Fresken bezaubern, waren den Kriegern von Mykenä, Theben und Sparta erlegen. Theseus hatte über Minos gesiegt.

Das Geheimnis des Minotauros

Nach der Eroberung des Minosreiches durch die Achäer verließen viele Kreter die Insel und zogen nach den Kykladen, nach Kleinasien und Ägypten. Überall sind ihre Spuren zu finden. Sie erwiesen sich als tüchtig genug, an weitverstreuten Plätzen eine neue Heimat zu schaffen. Weil sie viel konnten, waren sie überall gern gesehen. Auch auf Kreta brachten sie noch Bewundernswertes hervor, hier vor allem. Die Herrlichkeit der Achäer auf

Kreta dauerte nicht einmal ganz hundert Jahre. Dann wurden die Sieger von jener Macht überwunden, die Kreta oft erschüttert hatte: vom »Stier«, dessen Brüllen aus der Erde kommt.

Die Minoer hatten diese Macht in Stierbildern und Gefäßen in Form von Stierköpfen verehrt. Sie hatten die Dächer der Paläste mit Doppelhörnern geschmückt und dieses heilige Zeichen an Plätzen, an denen sie sich der Gottheit nahe glaubten, aufgepflanzt. Wie tief sich die frühen Kreter der immerwährenden Bedrohung bewußt waren und wie sie ihr begegneten, fand seinen erregendsten Ausdruck im Sprung über den angreifenden Stier.

Wir kennen dieses große Ereignis aus so vielen Darstellungen, daß wir an ihm teilnehmen können.

Um den weiten Platz im Minospalast ist das Volk von Knossos versammelt. Von der ganzen Insel sind Edle und einfache Leute herbeigepilgert – so viele, daß die Tribünen nicht alle fassen. Alle sind festlich gestimmt, begierig auf das Schauspiel, das sich unter den Augen des Königs und höchsten Priesters ereignen wird.

Hochgewachsene junge Männer und Mädchen betreten den Platz. Sie sind ohne Waffen. Und nun kommt der Stier, verstört vom Lärm und Geruch vieler Menschen. Einer der jungen Männer in der Arena lockt den Stier auf sich und bringt ihn zum Rasen. Während der Koloß auf ihn zustürmt, den gewaltigen Schädel zum zermalmenden Stoß gesenkt, erwartet ihn der Mann, ohne sich zu bewegen. Im entscheidenden Augenblick aber setzt er zum Sprung an, er nimmt die Hörner, die ihn vernichten wollen, als Stütze und überfliegt, als sei er geflügelt, das wütende Tier. Einige Male wiederholt sich der Angriff. Andere Springer ziehen den Stier auf sich. Und einer von ihnen verfehlt ein Horn – es fährt ihm tief in die Brust. Eine Blutbahn zeichnet den Platz, und die Tausende, die zusehen, halten den Atem an: Was dem Springer geschieht, kann jedem von ihnen geschehen; jeder ist jederzeit vom »Stier« bedroht, der nicht nur einzelne, sondern ganze Städte so vernichtend treffen kann, daß rote Bahnen aus Dächern und Mauern schlagen und einstürzende Häuser zu Grabhügeln werden.

Das Spiel nähert sich seinem Ende. Der letzte Springer hat den Stier übersprungen. Von den vielen Anläufen ist seine Wut erschöpft, auch seine Kraft. Nun kommen Männer mit Netzen und Stricken. Der Stier wird umstellt und endgültig besiegt. Gebunden wird er vor den König geschleift. Und der König hebt das Doppelbeil und erschlägt den Stier. Das Opferblut versickert im Schoß der Erde, die für alle die Große Mutter ist. Das Leben hat über die zerstörenden Kräfte gesiegt. Zum Zeichen dafür pflanzt der König die heilige Doppelaxt auf das Haupt des Stiers.

Kreta war seit alters ein Erdbebenherd mit wenigstens drei verheerenden Beben in jedem Jahrhundert. Aber selbst die schlimmsten Beben konnten die Kreter nicht davon abbringen, sich in der Zone der Gefahr zu behaupten. Immer wieder bauten sie nach den Zerstörungen ihre Paläste und Städte neu auf.

An der Ostküste wurde unter Leitung von Nikolaos Platon ein vierter minoischer »Palast« ausgegraben. In diesem entlegenen Inselteil hatte schon Hogarth Funde gemacht, die auf größere Anlagen schließen ließen. Ein goldener Stierkopf, ein Goldreif und eine kleine Goldschale, in der Nähe von Zakro gefunden und zu Platon gebracht, gaben den letzten Anstoß zur großen Ausgrabung, die ein amerikanischer Mäzen ermöglichte.

Im Frühjahr 1964 konnte Platon melden, daß er auf die Ruinen eines Palastes gestoßen sei. Da Zakro ungeplündert geblieben war, konnten die Ausgräber schon bei der ersten Grabung viele wunderbare Gefäße aus Ton und Stein, Doppeläxte und Doppelhörner aus der Erde holen. Auch vier Elefantenstoßzähne wurden auf Anhieb gefunden – und ein Säulenkapitell aus schwarzem Stein, das zeigt, daß Evans sich bei der Wiederherstellung von Palastsäulen in Knossos in der Form nicht vergriffen hat.

Von größter Bedeutung ist die Entdeckung von rund fünfhundert Siegelabdrücken und vierzehn Täfelchen mit Bilderschrift-Texten.

Das Schicksal des Palastes muß sich in wenigen Minuten durch ungeheuerliche Erdstöße erfüllt haben. Die entsetzten Bewohner versuchten, sich ins Freie zu retten, soweit sie nicht durch die einstürzenden Mauern verschüttet wurden. Im Handumdrehen stand der ganze Palast in Flammen. Besonders reiche Nahrung fand das verheerende Feuer in den Ölspeichern. Die Katastrophe war so grauenhaft, daß Zakro für mehr als drei Jahrtausende zum gemiedenen Ort wurde.

Wann der Palast von Knossos endgültig den Untergang fand, wissen wir auf das Jahr genau. Er wurde 1425 v. Chr. zerstört, als heftiger Südwind die Flammen der brennenden Balken waagrecht an den Mauern entlangtrieb. Das konnte Pendlebury, der bedeutende englische Archäologe, dem jahrelang der Palast von Knossos anvertraut war und der im letzten Krieg kämpfend auf Kreta fiel, von den Palastruinen ablesen.

Pendlebury berichtet: »Der Thronsaal wurde in völliger Unordnung aufgedeckt. In einer Ecke lag ein umgestürztes Ölfaß. Kultgefäße waren eben gebraucht worden, als die Katastrophe eintrat. Es scheint, als sei der König in den Saal geeilt, um eine letzte feierliche Handlung zu vollziehen – zum Heil seines Volkes.«

Es war zu spät gewesen. Zu gewaltig und ohne sich anzumelden hatte der »Stier in der Erde« zum vernichtenden Stoß ausgeholt. Die Doppelaxt war für immer zerbrochen. Ein Wunderbau wurde zum rauchenden Schutthügel. Im Feuersturm wurden die beschriebenen Tontäfelchen in den Archiven zu dauerhaften Dokumenten gebrannt. Wir haben ein Beispiel aus dem vergangenen Jahrhundert, in welchem Ausmaß ein Erdbeben, verbunden mit einem Vulkanausbruch, Inseln verheeren kann.

Am 6. und 7. August 1883 brach auf der Insel Krakatau in Holländisch Indien ein Vulkan aus. Innerhalb weniger

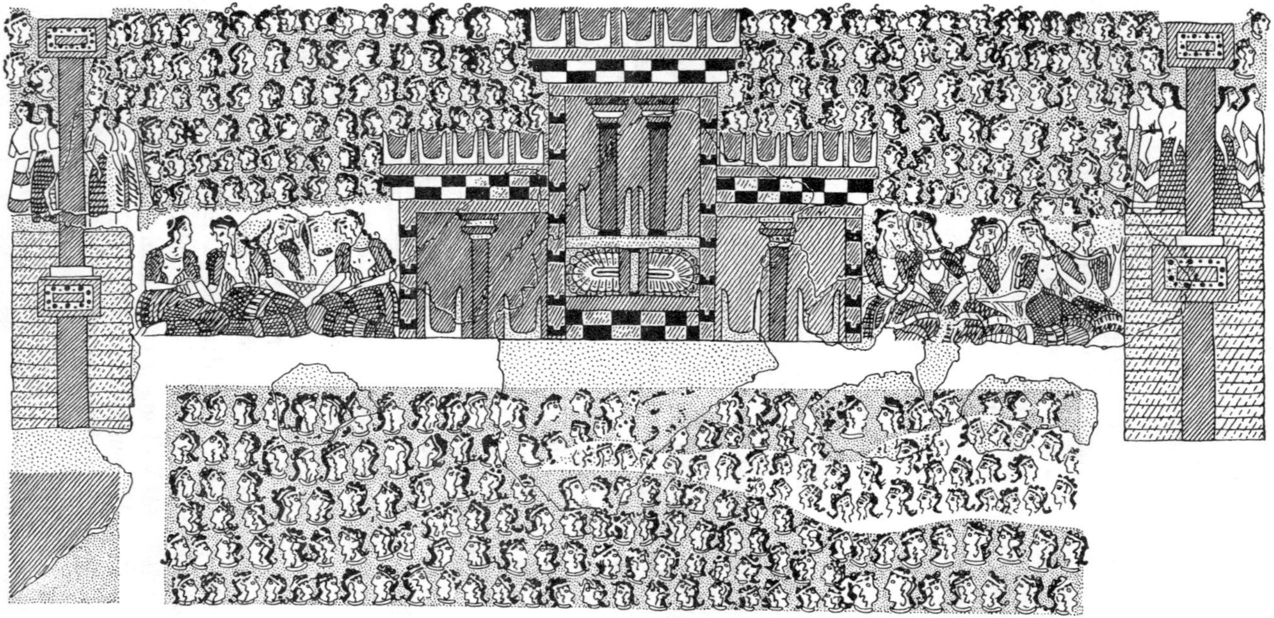

Kulturversammlung im Großen Hof von Knossos. In der Mitte die »Palastkapelle«. Fresko

Minuten wurden die Städte Teloeg und Tyazingin vollständig zerstört. Das unheimliche Grollen war über ein Sechstel des Erdumfangs zu hören. Im Umkreis von hundertfünfzig Kilometern stürzten die Häuser ein. Die ausgeworfene Asche verwandelte den Mittag in Nacht. Tausendsechshundert Kilometer weit fiel Aschenregen, und Aschenschleier wurden um den ganzen Erdball getragen. Fünfzehn Meter hohe Flutwellen rissen Dörfer nieder, Eisenbahnen wurden zerstört, Wälder geknickt und Schiffe kilometerweit ins Land getragen. Brände brachen aus, weil Lampen umgeworfen und Herde zerstoßen wurden. Es gab 36417 Tote.

Dreitausenddreihundert Jahre früher ereignete sich in der Ägäis eine ähnliche Katastrophe – von etwa vierfachem Ausmaß, was sich durch Vermessung der beiden Vulkankrater abschätzen ließ. Bei dem Ausbruch, der das Ende des Minospalastes bewirkte, flogen drei Viertel der Insel Thera (Santorin) in die Luft. Thera ist von Kreta hundertzehn Kilometer entfernt. Bei dem viermal so starken Ausbruch und viel tieferem Meer waren die Flutwellen mindestens doppelt so hoch wie bei der Katastrophe von Krakatau. Innerhalb von Minuten wurden Küstensiedlungen und Häfen zerstört. Selbst die Orte im Innern der Insel wurden verheert. Hoch im Gebirge stürzten Höhlengänge ein.

Damals müssen die entsetzten Kreter den Glauben an jede schützende Gottheit verloren haben. Von der Insel Thera, einst kreisrund, blieb nur eine Sichel im Meere stehen. Sie wurde unter einer Schicht aus Vulkanasche und Bimsstein begraben, die dreißig Meter hoch anwuchs. Zu gleicher Zeit verwandelte sich auf Kreta der Palast des Minos endgültig in einen Schutthügel.

Zweimal hat Evans das Unheimliche der erderschütternden Mächte selbst erlebt. Zum ersten Male am 20. April 1922 um zwölf Uhr fünfzehn, als eben Arbeiter damit beschäftigt waren, einen Keller auszuräumen, in dessen Ecken je ein Stierschädel lag, offenbar von geopferten Stieren. Da »kam ein kurzer, scharfer Erdstoß, der einen der Männer umwarf, begleitet von einem tiefen Getöse, das in der ganzen Gegend vernommen wurde«.

Ein weit heftigeres Beben erlebte Evans vier Jahre später. Er hielt das Ereignis in einer eindringlichen Schilderung fest: »Am 26. Juni 1926, einem ruhigen, warmen Abend, fingen die Erdstöße an. Ich lag gerade lesend auf meinem Bett im Erdgeschoß meines Hauses, und im Vertrauen auf die Festigkeit des Gebäudes beschloß ich, im Zimmer zu bleiben. Ich hatte das volle Grauen einer solchen Erfahrung nicht ahnen können. Zwar erwies sich mein Vertrauen in das Haus als berechtigt, denn es erlitt nur leichte Sprünge. Aber die Wände krachten und kamen ins Schwanken. Das Haus bewegte sich wie ein Schiff im Sturm. Ich hatte die Empfindung von hohem Seegang, obgleich die Bewegung nur eindreiviertel Minuten dauerte. Aus der Erde drang ein Ton wie Stiergebrüll von weit her. Die Stöße, die rasch aufeinanderfolgten, brachten zwei Nachbarhäuser zum Einsturz. Ich hörte Schreien von Frauen und Kindern. Ein Windstoß, der plötzlich da war, trug eine Staubwolke in den Himmel, wovon der Vollmond verdunkelt wurde. Wie eine Feuersbrunst, die in Rauch gehüllt ist, stand der Widerschein von Lichtern auf dieser schwarzen Wand.

Für die Archäologie ergab sich aus diesem Ereignis eine wichtige Schlußfolgerung. Wenn wir, wie hier im Palast zu Knossos, Anzeichen einer Reihe von Zerstörungen finden, die zu großes Ausmaß haben, als daß sie von Menschenhand herrühren könnten, so haben wir allen Grund, ihre Ursache in derartigen Erdbeben zu suchen. Es heißt etwas, das Brüllen des Minotauros tief aus der Erde mit eigenen Ohren gehört zu haben. Ein uralter Glaube prägte das Bild des Stiers, der die Erde mit seinen Hörnern erschüttert. Ohne Zweifel war es das stete Bedürfnis nach Schutz vor den unterirdischen Mächten, das zum Kult der Großen Göttin geführt hat, der Herrin, die gebändigte Schlangen als Zeichen ihrer Gewalt über das Unheimliche in Händen hält.«

Nie wieder war der Ausgräber des Minos-Palastes dem alten Kreta so nahe wie in der Stunde, da er den »Stier« in der Erde brüllen hörte. Diesen Stier haben die Achäer in seiner ungeheuerlichen Gewalt zweimal kennengelernt: als Bundesgenossen beim Angriff auf das Minos-Reich und hundert Jahre später als Gegner, der sich vernichtend gegen die Eroberer wandte.

Sie selber hatten ein anderes mythisches Bild für die gleiche zerstörende Macht: das Poseidonpferd, von dessen Hufschlägen die Mauern von Troja erschüttert wurden.

So tun sich für uns nach den Ausgrabungen von Schliemann und Evans, Dörpfeld und Pendlebury, Halbherr und Pernier, Hazzidakis und Nikolaos Platon, Fabricius und Hogarth und Karo und hundert anderen erstaunliche Zusammenhänge auf: Troja und Knossos – auf nahezu gleiche Weise zerstört! Die letzten Herrscher im Minos-Palast – Achäer wie Odysseus auf Ithaka und Nestor auf Pylos! Agamemnon und Priamos – feindliche Brüder, deren Vorväter aus den Donaulanden gekommen waren!

Die Archäologen haben den Beweis erbracht, daß die Sagen nicht freie Erfindungen früher Dichter sind. Und die Forschertat von Ventris und Chadwick läßt hoffen, daß Evans' Traum, die Entzifferung der Zeichen auf kretischen Siegeln und dem geheimnisvollen Diskos, in der Zukunft verwirklicht wird.

In zehn Jahrzehnten intensiver Ausgrabung kamen so viele aufschlußreiche Funde zutage, daß sich der gewaltige Ring mit den Steinen Troja, Mykenä und Knossos schließt.

In Knossos hat Evans »ein Menschenalter lang« gegraben. Wie aus dem trojanischen Hügel tauchte aus dem Hügel Kephala Schicht um Schicht auf. Palast war auf Palast errichtet worden.

Für Evans war es noch schwerer als für Schliemann, die Schichten auseinanderzuhalten. Die kretischen Paläste waren nicht aus Zyklopenmauern erbaut. Von den Wänden aus leichtem Gipsstein war buchstäblich nichts stehengeblieben, und es war fast aussichtslos, die verstreuten Mauerbrocken wieder zusammenzusetzen und aufzurichten. Evans führte, unterstützt von seinen Architekten, einen beharrlichen Kampf, um sichtbar zu machen, was da einmal gewesen war. Das meiste freilich war trotz aller Bemühung nicht mehr zu retten.

Vom großen Treppenhaus waren die beiden obersten Fluchten fast vollständig verschwunden. Das mußte Evans feststellen, als er mit Hilfe griechischer Bergleute die Stufen freilegte. Sie fanden verkohlte Stümpfe der alten hölzernen Säulen, die das Dach des Treppenhauses getragen hatten. Auch von einer der Mauern war noch ein Teil da. Nur war die Wand gefährlich geneigt und drohte einzustürzen. Evans ließ sie mit Brettern und Halteseilen sichern und ein Gerüst bauen. Dann wurde das Mauerfundament in ganzer Länge untergraben. Während sechzig Arbeiter von der höher liegenden Terrasse aus mit Zugseilen die Mauer aufrichteten, wurden Steinkeile untergeschoben und einzementiert.

Auf Schritt und Tritt wurden solche Arbeiten nötig. In dem mehrbändigen Werk, das Evans über den Minos-Palast schrieb, sind dramatische Berichte zu lesen. Evans schildert, wie er schließlich dazu kam, für die Wiederherstellung Material zu verwenden, das den Erbauern des Labyrinths noch nicht bekannt war.

Stützbalken, Pfosten und Schäfte aus Holz, mit denen

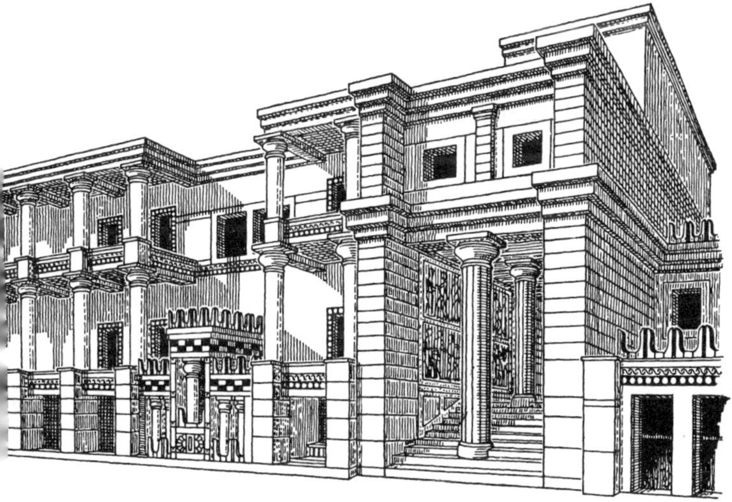

Palast zu Knossos, Rekonstruktion des Westflügels mit Treppe zum Hauptgeschoß und Palastheiligtum (vergleiche Zeichnung S. 111)

er es zuerst versucht hatte, waren nur vorübergehend eine Hilfe gewesen. Es war zu gefährlichen Einstürzen gekommen. Die Überreste der oberen Stockwerke drohten auf die unteren zu fallen und alles zu begraben.

Der Architekt Christian Doll rang heldenhaft mit der Aufgabe. Eisenträger wurden mit großen Kosten aus England beschafft. Zypressenbalken, die zu Minos' Zeiten als Stützen gedient hatten, waren nicht mehr aufzutreiben, und Fichtenstämme, aus Tirol eingeführt, waren dem wechselhaften kretischen Klima nicht gewachsen, was sich bei anderen Bauten herausgestellt hatte.

Von den zwanziger Jahren an nahm Evans Beton zu Hilfe, was ihm viele Vorwürfe einbrachte.

Insgesamt wirkte Evans über ein halbes Jahrhundert lang für Knossos. Er war ein Mann, der sich zu allem Zeit nahm, auch zur Veröffentlichung seiner Ausgrabungsergebnisse. Als er mit achtzig Jahren bei einem Besuch Dalmatiens in Ragusa das Gefängnis besichtigte, in dem er als Verschwörer eingesperrt gewesen war, sagte er zum Gefängniswärter: »Alle fünfzig Jahre komme ich einmal hierher.« Volle fünfzig Jahre waren es auch, um die er den Ausgräber von Troja und Mykenä überlebte.

Wie Schliemann hatte Evans große Geldmittel zur Verfügung, und wie Schliemann setzte er sie selbstlos ein. Dazu kam bei Evans eine gründliche Schule. Er war besser als der Pastorensohn aus Ankershagen für sein Werk vorbereitet.

Sein Blick war sicherer. Die Zahl seiner Einzelfunde geht in die Zehntausende. Viele seiner Erkenntnisse sind bis heute gültig. Auch seine Einteilung der minoischen Jahrhunderte in drei große Epochen ist nicht außer Kurs gesetzt. Nur sein eigentliches Ziel zu erreichen, blieb ihm versagt: die Entzifferung der kretischen Schrift.

Das nimmt ihm nichts von seiner Größe, so wenig es Schliemanns Ruhm beeinträchtigt, daß er irrte, als er den trojanischen Goldfund für den Schatz des Priamos hielt, und glaubte, die großartigste der mykenischen Goldmasken habe Agamemnons Antlitz bedeckt.

Überall dort, wo bisher unbekannte Welten erschlossen werden, sind Irrtümer unvermeidlich; und manchmal sind sogar sie der Schlüssel zu besonders tief verborgenen Geheimnissen. Evans war achtzig Jahre alt, als ihm seine letzte aufsehenerregende Forschertat glückte, und sie wurde durch eine Fälschung ausgelöst, die er zunächst nicht durchschaute.

Der Schauplatz der Entdeckung liegt mehr als einen Kilometer südlich vom Minos-Palast in einem Gelände, in dem bisher keinerlei minoische Reste zum Vorschein gekommen waren. 1932 wurde Evans von einem Unbekannten ein großer Goldring angeboten, »der Ring des Minos«. Er war größer als jeder bisher gefundene Goldring – eine herrliche Arbeit. Der Mann, der den Ring anbot, verlangte einen Preis, den Evans sehr hoch fand.

Der alte Forscher fotografierte zunächst den Fund, um ihn zu studieren. Der Unbekannte gab an, die Kinder des Dorfgeistlichen hätten den Ring beim Spielen gefunden und der Geistliche wünsche, den Ring an keinen andern als an den Ausgräber von Knossos zu verkaufen.

Der Mittelsmann zeigte Evans die Fundstelle.

Als Evans die Aufnahme des Rings studiert hatte, ging er zu dem Geistlichen, um diesen »Ring des Minos« zu kaufen, da er überzeugt war, daß es sich um ein unersetzliches Fundstück handle, das den hohen Preis wert sei. Nun aber erklärte der Geistliche bestürzt, der Fremde sei mit dem Ring verschwunden, niemand wisse, wohin. Alle Nachforschungen verliefen im Leeren.

Da tat Evans etwas, das gegen jede Vernunft schien: Obgleich er nun sicher war, daß er es mit einem außerordentlich geschickten Fälscher zu tun gehabt hatte, dem auch die Angabe des Fundortes nicht zu glauben sei, begann Evans an dieser Stelle, die nichts versprach, zu graben. Und er stieß auf eine minoische Fürstengruft, die alle bisher entdeckten Felsgräber an Großartigkeit übertraf.

Die Gruft war tief in den Felsgrund gebettet. Boden und Wände waren mit Alabasterplatten verkleidet. Ein Alabasterpfeiler hatte einst ein mächtiges Balkenkreuz getragen, das die Felsdecke stützte. Die Decke war blau bemalt gewesen – über sich sollte der Tote die Farbe des Himmels haben. Neben der Grabkammer war ein Kultraum mit zwei Pfeilern, ähnlich dem Kultraum neben dem Thronsaal im Minospalast.

Über diesem kleinen Raum lag ein größerer Saal mit mehreren Säulen. Der untere Kultraum, durch den der Sarg in die Grabkammer gebracht worden war, war von innen verschlossen. Da »Tote sich nicht selber einschließen«, wie einer der Ausgrabungshelfer bei der Entdeckung sagte, muß es eine Falltür gegeben haben, durch welche die Sargträger in den oberen Saal aussteigen konnten.

Ein Erdbeben hat die Decke einstürzen lassen. Im Felsgrab fand sich nur ein Skelett.

So hatte Evans, dem gefälschten »Ring des Minos« nachspürend, das »Grab des Minos« entdeckt. Ihm war das Finderglück bis zuletzt treu.

Von Schliemann hatte es sich abgewendet, als er versucht hatte, das Reich des Minos für sich zu erobern. Dem Ausgräber von Troja und Mykenä blieb verborgen, daß er bei seinen Entdeckungen viel Minoisches ans Licht gebracht hatte.

Unter den Funden aus den Schachtgräbern von Mykenä ist auch ein Dolch, auf dem nicht jagende Löwen oder gejagte Löwen zu sehen sind, sondern ein »kleines Stück Nil«. Fische ziehen ruhig im Wasser dahin. Im Papyros-Dickicht tobt eine Jagd. Kaffernkatzen haben sich an Wildenten herangepirscht. Einigen glückt der Aufflug, doch keine der Katzen geht leer aus; einer gelingt es sogar, zwei Enten zu schlagen. Die Räuber und ihre gefiederte Beute sind in Gold und Silber auf die Dolchklingen gebannt. Es ist ein Meisterwerk, das an Bilder in Amarna oder Knossos erinnert; kein Wunder: ein kretischer Künstler hat sie geschaffen.

Schliemann, der diesen »Nildolch« fand, hat die Bilder niemals gesehen. Sie waren unter einer dicken Oxydschicht versteckt, die erst nach Schliemanns Tod entfernt wurde. Viele seiner Funde hat Schliemann nicht in ihrer Tragweite erkannt, so wie auch Evans manches mißdeutet hat. Solche Irrtümer teilen sie mit Kolumbus, der hartnäkkig dabei blieb, er habe den Westweg nach Indien und nicht einen neuen Kontinent gefunden. Dadurch büßt seine Tat nichts von ihrer Größe ein, und wenn auch Amerika nach Amerigo Vespucci und nicht nach Kolumbus benannt wurde, so bleibt doch *er* der Entdecker Amerikas. Bei Schliemann und Evans ist das nicht anders. Das Werk der beiden war zu gewaltig, als daß sie sich genügend um jede Einzelheit hätten kümmern können. Durch sie war der Anfang in Troja und Mykenä und Knossos gemacht worden – auf unvergleichliche Weise.

Andere bedeutende Ausgräber und Forscher führten ihr Werk fort. Heute haben wir ein klares Bild jener Frühkulturen, die uns mehr als alle anderen angehen. Denn mykenisch-minoische Leistungen wirkten über Griechen und Römer weiter bis in unsere Tage. Mit Kreta und Mykenä begann die abendländische Kultur.

An der Küste, an der Troja erbaut war, stand auch die Burg des Königs Agenor, dessen schöne Tochter durch Zeus in Gestalt eines wunderbaren Stieres über das Meer davongetragen wurde. Agenor sandte seine Söhne aus, damit sie die Entführte suchen und zurückbringen sollten. Aber sie kehrten nicht wieder heim. Überall, wohin sie kamen, gründeten diese Agenor-Söhne Städte und Burgen. Sie legten den Grundstein für Europa.

Durch die Ausgrabungen in Troja, Mykenä und Kreta wurde bewiesen, daß diese Sage ein wahrer Bericht ist.

Hundert Begriffe aus der minoisch-mykenischen Welt

Achäer: die aus den Donaulanden in Griechenland eingewanderten Begründer der mykenischen Kultur

Achat: Halbedelstein von wechselnder Farbe

Achill: Achäischer Held der Ilias

Ägäis: das »Griechische Meer«, östlicher Teil des Mittelmeers

Agamemnon: König von Mykenä, der »Völkerfürst«, der die Achäer gegen Troja führte

Agenor: König von Tyros, Vater der Europa, die dem Zeus auf Kreta die Könige Minos, Radamantes und Sarpedon gebar

Ägist: Sohn des Thyestes, der (im Bunde mit Klytämnestra) den von Troja heimgekehrten Agamemnon ermordete

Agora: Platz, auf dem die Bewohner alter griechischer Städte zusammenkamen – bei allen wichtigen Anlässen

Akropolis: Oberstadt und Burg in alten griechischen Städten

Alabaster: durchscheinende, weiche Gesteinsart, zur Herstellung von Gefäßen und zur Verkleidung von Wänden viel verwendet

Amarnakunst: ägyptische Kunst in der Zeit des Pharao Echnaton (14. Jahrhundert v. Chr.), der sich von den herkömmlichen ägyptischen Göttern lossagte und an eine Gottheit für alle Menschen glaubte. In der von ihm gegründeten Residenz wirkten auch viele kretische Künstler

Amethyst: violett gefärbter Bergkristall, der durch Glühen gelb wird

Antelion: kleine, höchst gefährliche Giftschlangen, von denen der Hügel Hissarlik wimmelte

Apoll: der griechische Gott des Lichts und der Wissenschaften

Archanes: bedeutende Grabungsstätte südlich von Knossos, vom Ort Archanes überbaut. Die Ausgräber (Johannes A. Sakellarakis und Eva Sakellarakis) vermuten an dieser Stelle einen Palast, der nur wenig kleiner als der von Knossos, aber größer als die Paläste von Phaistos, Hagia Triada, Mallia und Zakros gewesen sein dürfte. Ausgrabungen sind bisher Teile der dazugehörigen Nekropole, darunter vier Kuppelgräber

Argos: mykenische Stadt, auch Landschaft; bei Homer das »rossenährende Argos«

Ariadne: Tochter des Minos, die dem athenischen Helden Theseus das Fadenknäuel gab, mit dessen Hilfe er nach Überwindung des Ungeheuers Minotauros wieder aus dem Labyrinth fand

Artemis: griechische Göttin, Schwester des Apoll

Atreus: König von Mykenä, Stammvater des fluchbeladenen Geschlechts der Atriden, dem auch Agamemnon und Orest entsprossen

Bunarbaschi: Ort und Hügel in der Troas, wo von vielen das homerische Troja vermutet wurde

Byblos: wichtige Hafenstadt der Phönizier

Catalhüyük: Kultstätte in Kleinasien, in der Beweise eines Stierkultes schon für das 6. Jahrtausend v. Chr. entdeckt wurden

Chian: Pharao der Hyksoszeit (nach 1700 v. Chr.)

Delos: Graniteiland in der Ägäis, Geburtsort des Gottes Apoll

Delphi: Sitz des Apoll-Orakels

Dionysos: griechischer Gott des Weins und des Wachstums, der Ariadne bei deren Flucht mit Theseus entführte

Diorit: körniges Gestein verschiedener Färbung, das viel für Gefäße und Statuen verwendet wurde

Echnaton: der Pharao Amenophis IV, Begründer der Amarnakultur

Etrusker: altitalisches Kulturvolk der vorrömischen Zeit

Europa: Tochter des Königs Agenor von Tyros, von Zeus in Gestalt eines Stieres nach Kreta entführt

Fayence: Tonware, die aus geschlemmtem und gereinigtem Tongemenge entsteht und mit einer Glasur überschmolzen wird, die keine Flüssigkeit durchläßt

Firman: amtliches Erlaubnisdokument (türkisch)

Fresko: Malerei mit Kaseinfarben, auf feuchten Wandverputz aufgetragen

Gortyn: antike Stadt in Mittelkreta, Fundort einer frühen griech. Mauerinschrift

Granulation: Goldschmiede-Technik, bei der Schmuckstücke und Gefäße durch Auflöten von Gold- und Silberkügelchen verziert werden

Hektor: Sohn des Trojanerkönigs Priamos, fiel im Kampfe gegen Achill und wurde von diesem um Troja geschleift

Helena: Frau des Spartanerkönigs Menelaos, vom Trojanerprinzen Paris geraubt und nach zehnjährigem Krieg von den Achäern zurückgeholt

Hera: Gemahlin des Zeus

Herakles: Vorbild aller griechischen Helden, zu Tiryns geboren, durch beispiellose Taten unsterblich

Hesiod: neben Homer der bedeutendste griechische Dichter der Frühzeit (um 700 v. Chr.), aus böotischem Bauerngeschlecht

Hethiter (Hatti): Indogermanisches Volk, das im 2. Jahrtausend v. Chr. in Vorderasien ein Großreich gründete und um 1900 Troja II zerstörte

Hissarlik: türkisches Wort für »Burgruine«; der Hügel, in dem Schliemann Troja fand

Homer: der Dichter der Ilias und Odyssee; lebte vermutlich vor 700 v. Chr.

Hyksos: kriegerische Völker aus Kleinasien, die das Pharaonenreich zwischen 1700 und 1500 v. Chr. beherrschten

Ilias: das eine der beiden großen Epen Homers. In ihm findet der Trojanische Krieg seine dichterische Gestaltung

Jamchat: alter Königssitz in Kleinasien

Jaspis: Halbedelstein von roter, gelber oder brauner Farbe

Karneol: rötlicher Halbedelstein, zum Gemmenschnitt geeignet

Kassandra: die trojanische Seherin, Beute des Agamemnon, mit diesem nach dem großen Krieg in Mykenä ermordet

Keftiu: altägyptische Bezeichnung für Kreter

Kephala: »Haupt der Herren«, der Hügel, aus dem Arthur Evans den Palast von Knossos grub

Kolchis: Ort an der Schwarzmeerküste, an den Iphigenie unmittelbar vor der von ihrem Vater Agamemnon beabsichtigten Opferung in einer Wolke entrückt wurde
Küraß: Harnisch, Brustpanzer
Kureten: Erdgeister auf Kreta, denen der Schutz des neugeborenen Zeus anvertraut war

Labyrinth: »Haus der Doppelaxt«, der Minospalast zu Knossos; nach der griechischen Theseussage ein unterirdischer Irrgarten, in dem das menschenfressende Ungeheuer Minotauros hauste
Laomedon: der König, für den Poseidon Troja erbaute
Lapislazuli: blauer Halbedelstein

Magulen: »Buckel, Wölbungen«; vorgeschichtliche Wohnhügel in Nordgriechenland
Mari: eine 1933 entdeckte Ruinenstätte aus dem 3. und 2. Jahrtausend v. Chr., am mittleren Euphrat gelegen, bedeutend vor allem durch ein riesiges Keilschrift-Archiv
Megaron: rechteckiges Herrenhaus der Einwanderer aus dem Norden; mit Vorraum und Halle, in deren Mitte der kreisrunde Herd war. Aus dem Megaron entwickelte sich der griechische Tempel
Minos: Sohn des Zeus und der Europa, erster König auf Kreta
Minotauros: »Stier des Minos«; ein Ungeheuer, halb Mensch, halb Stier, dem nach der griechischen Sage ein tyrannischer Minos Menschenopfer zum Fraß vorwarf
Mykenä: der Königssitz der Achäer auf dem Peloponnes

Nausikaa: Tochter des Phäakenkönigs, die den gescheiterten Odysseus am Strande der Phäakeninsel fand. (Von Schliemann wurde Korfu dafür gehalten)
Naxos: griechische Insel, auf der Ariadne von Dionysos entführt wurde
Nephrit: »Strahlstein«, grüner Halbedelstein

Obsidian: Lavaglas
Odyssee: homerisches Epos, das die Abenteuer des Odysseus während seiner zehnjährigen Irrfahrt von Troja nach Ithaka zum Gegenstand hat
Oktopus: Tintenfisch (Polyp)

Olympia: heiliger Ort der Hellenen, an dem alle vier Jahre Spiele zu Ehren der Götter abgehalten wurden

Olympiade: die heiligen Spiele, deren erste für das Jahr 776 v. Chr. bezeugt sind. Während der Spiele hatte jeder Streit in Griechenland zu unterbleiben

Orchomenos: achäischer Fürstensitz, bei Homer »das Goldreiche« wie Mykenä

Osiris: altägyptischer Gott, der von seinem Bruder Seth ermordet wurde und zu neuem Leben erwachte, nachdem ihn seine Schwester Isis nach langer Suche gefunden hatte

Ovid: altrömischer Dichter (43 v. Chr. bis 18 n. Chr.)

Paidos: Wort unbekannter Herkunft, im Türkischen »Pause«

Palast: Die Funktion der minoischen »Paläste« ist seit einiger Zeit umstritten. Während sie für Evans und andere bahnbrechende Archäologen die Residenzen der Kreterkönige waren, wurden sie neuerdings auch als Totenstädte beschrieben (H. G. Wunderlich) oder als große Heiligtümer (Paul Faure in seinem bedeutenden Werk ›Kreta‹)

Papyros: Nilschilfpflanze, im alten Ägypten zu »Papier« verarbeitet

Paris: trojanischer Prinz, der auf den Rat der Göttin Aphrodite die schöne Helena entführte

Paros: griechische Insel, wegen ihres Marmors berühmt

Patroklos: der Freund Achills, von Hektor erschlagen

Pelasgische Mauer: Überrest der mykenischen Burg auf der Akropolis von Athen

Perikles: der führende Staatsmann Athens (499–429 v. Chr.), in dessen Zeit die Dichter Aischylos, Sophokles und Euripides, die Geschichtsschreiber Herodot und Thukydides, der Philosoph Sokrates und viele bedeutende Künstler wirkten

Phäaken: homerisches Inselvolk, zu dem Odysseus am Ende seiner zehnjährigen Irrfahrt kam

Pharao: »Großes Haus«, Titel der Könige im alten Ägypten

Pithos: hohes Vorratsgefäß aus Ton

Platon: griechischer Philosoph (427–347 v. Chr.)

Priamos: König von Troja zur Zeit des von Homer besungenen Krieges

Propyläen: Prachttor auf der Akropolis, der »Raum zwischen dem Heiligen und dem Gemeinen«

Psychró: Höhlenheiligtum am Rande der Hochebene von Lassithi auf Kreta

Pylos: »Das Sandige«, Sitz des greisen Nestor, der mit Agamemnon gegen Troja zog

Radamantes: Bruder des Minos, Herrscher zu Phaistos, wegen seiner Gerechtigkeit Herrscher in der Unterwelt

Rekonstruktion: Die Rekonstruktion des »Palastes« von Knossos hat sowohl Bewunderung (vor allem von Nichtfachleuten) als auch heftige Kritik (von seiten der Archäologen) ausgelöst. Sie wiesen Evans Willkür nach

Rhea: Mutter des Zeus

Santorin: auch Thera, vulkanische griechische Insel, an der Schliemann im Sturm scheiterte

Sarpedon: Bruder des Minos, Herrscher zu Malia auf Kreta

Sinterschicht: durch Feuchtigkeit ausgesonderter Überzug von Höhlenwänden, auch über Höhlenbildern und Weihgaben

Sistrum: Rassel, altägyptisches Musikinstrument

Steatit: Speckstein, weiches, meist dunkelgrünes Material, zur Herstellung von Gefäßen besonders geeignet

Tauros: Riese, der in der ältesten Zeit Kreta bewachte, auch Talos genannt

Thera: griechische Insel, um 1500 durch einen Vulkanausbruch, der auch die minoischen Paläste auf Kreta zerstörte, auf ein Drittel verkleinert

Theseus: athenischer Königssohn, Überwinder des Minotauros

Thukydides: griechischer Geschichtsschreiber und Stratege (460–403? v. Chr.)

Troas: Landschaft an den Dardanellen mit Troja als beherrschender Stadt

Tyros: phönizische Königsstadt, Sitz des Königs Agenor, des Vaters der Europa

Ugarit: alter Königssitz in Vorderasien

Zeus: der Göttervater der alten Griechen

Zyklopen: Riesenvolk der griechischen Sage, Erbauer von Tiryns und anderer »zyklopischer« Burgen

Zeittafel
(nach Marinatos und Karo)

bis 2600	Jüngere Steinzeit auf Kreta
2600–2000	Frühminoische Kultur. Hafenstädte in Ostkreta, älteste Siegel, Rundgräber
bis 2500	Jüngere Steinzeit (Sesklo-Stufe) in Griechenland. Besiedelung Griechenlands durch Völkerschaften aus Vorderasien
2500–2300	Jüngere Steinzeit (Dimini-Stufe), die sich mit der Bronzezeit in Griechenland überschneidet
vor 2500	Troja I, ein Seeräubersitz mit Handelsbeziehungen
2500–1900	Frühhelladische Kultur. Seit 2000 Eindringen der Achäer aus dem Donauraum
2400–1900	Troja II, Königssitz mit wachsender Bedeutung
2000–1580	Mittelminoische Kultur (Stufen I–IIIa). Zunächst älteste Paläste, Kamares-Keramik, Siegel, früheste Bilderschrift; dann Blütezeit der Paläste, der Malerei; zahlreiche Herrensitze, Städte; ausgedehnter Handel
um 1900	Troja II durch die Hethiter zerstört
1900–1500	Troja III–V, von provinzieller Bedeutung
1900–1580	Mittelhelladische Kultur in Griechenland
um 1700	Zerstörung der Alten Paläste auf Kreta durch Erdbeben
seit 1650	Bau der mykenischen Burgen
1600–1500	Frühmykenische Kultur. Schachtgräber
1580–1500	Mittelminoische Kultur (Stufe IIIb); Wandel in Malerei und Keramik
nach 1550	Zerstörung der kretischen Paläste durch Erdbeben
1550–1425	Herrschaft der Achäer über Kreta und die Ägäis; Archivdokumente im Palast zu Knossos: Linear-B-Schrift wie in den Archiven mykenischer Burgen
1500–1400	Spätminoische Kultur. Letzte Blütezeit
1500–1280	Troja VI, der Sitz mächtiger Könige

1500–1100	Späthelladische Kultur. Kuppelgräber, Archive; um 1150 Zerstörung der mykenischen Burgen
1425	Der Palast von Knossos durch ein verheerendes Seebeben im Zusammenhang mit dem Vulkanausbruch von Santorin (Thera) endgültig zerstört
um 1280	Troja VI durch Erdbeben und Krieg zerstört (nach der von Homer geschilderten Belagerung)
bis 1250	Kreta von »Achäern« beherrscht: der Kreterkönig und »Minos-Enkel« Idomeneus zieht nach dem Zeugnis Homers mit nach Troja
um 1250	Troja VII erbaut
nach 1200	Beginn der »Dorischen Wanderung«; Vordringen nordgriechischer Stämme nach dem Süden; mykenische Fluchtburgen
vor 1100	Einfall der Dorer, die in Griechenland Stadtstaaten gegründet haben, in Kreta

Hinweis auf wichtige Bücher

Aus der langen Liste einschlägiger Werke sind hier die genannt, die für das vorliegende Buch von besonderer Bedeutung waren. In ihnen finden sich ausführliche Literaturangaben.

Behn, Friedrich: Ausgrabungen und Ausgräber, Stuttgart 1955
Berve, Helmut: Griechische Frühzeit, Freiburg 1959
Biesantz, Hagen: Die kretisch-mykenische Kultur (in Ullstein Kunstgeschichte Band 4, Frankfurt 1963)
Bossert, Helmut: Altkreta, Berlin 1937
Childe, G.: Stufen der Kultur, Stuttgart 1852
Dörpfeld, W.: Troja und Ilion, Leipzig 1902
Dörpfeld, W.: Die Ausgrabungen in Troja, Istanbul 1937
Evans, Arthur: The Palace of Minos, London 1921–1935
Evans, Joan: Time and Chance, London 1943
Faure, Paul: Kreta. Das Leben im Reich des Minos, Stuttgart 1976
Fimmen, Diedrich: Die kretisch-mykenische Kultur, Leipzig 1924
Finley, M. J.: The World of Odysseus, Harmondworth 1962
Hoegler-Reverdin: Kreta, Luzern und Frankfurt 1965
Kitto, H. D.: Die Griechen, Stuttgart 1957
Karo, Georg: Greifen am Thron, Baden-Baden 1954
Marinatos, Spyridon: Kreta und das mykenische Hellas, München 1959
Matz, Friedrich: Kreta, Mykene, Troja, Stuttgart 1956
Matz, Friedrich: Kreta und frühes Griechenland, Baden-Baden 1962
Mireaux, Emile: So lebten die Griechen zur Zeit Homers, Stuttgart 1956
Otto, W. F.: Die Götter Griechenlands, Frankfurt 1947
Pars, Hans: Göttlich aber war Kreta, Olten und Freiburg 1965
Payne, Robert: Das Gold von Troja, Stuttgart 1859
Preller, L.: Griechische Mythologie, Berlin 1894 (1920)
Schachermeyr, Fritz: Die ältesten Kulturen Griechenlands, Stuttgart 1955
Schachermeyr, Fritz: Die minoische Kultur des alten Kreta, Stuttgart 1964

Schachermeyr, Fritz: Poseidon und die Entstehung des griechischen Götterglaubens, München 1950
Schliemann, Heinrich: Mykenae, Leipzig 1878
Schliemann, Heinrich: Ilios, Leipzig 1881
Schliemann, Heinrich: Selbstbiographie, Leipzig 1936
Schmidt, H.: Heinrich Schliemanns trojanische Altertümer, 1902
Schuchard, Carl: Schliemanns Ausgrabungen, Leipzig 1891
Ventris, Michael and *Chadwick, J.:* Documents in Mycenaean Greek, Cambridge 1956
Wunderlich, H. G.: Wohin der Stier Europa trug, Reinbek bei Hamburg, 1972

Literarische Jugendbücher bei C. Bertelsmann